www.tredition.de

D1670315

Gina K.

Seelenleuchten

Gedanken über Gott und die Welt

www.tredition.de

© 2016 Gina K.

Verlag: tredition GmbH, Hamburg

ISBN
Paperback: 978-3-7345-5994-5
Hardcover: 978-3-7345-5995-2
e-Book: 978-3-7345-5996-9

Printed in Germany

Vorwort

Dieses Buch soll eine Einladung sein, sich mit Themen auseinanderzusetzen, die sich um Gott drehen, um den Menschen und um die Welt. Ich möchte den Leser dazu einladen, nachzudenken, zu verwerfen oder weiterzudenken. Alles ist möglich. Nichts muss – alles kann.

Wie auch in meinem ersten Buch ist es mir wichtig darauf hinzuweisen, dass alles, was ich hier niedergeschrieben habe, meine eigene Betrachtungsweise darstellt. Nichts davon hat Anspruch auf Gültigkeit. Gültigkeit erhält ein Gedanke nur dort, wo ein Betrachter ihm Gültigkeit verleiht.

Was heute als richtig erkannt wird, kann morgen schon wieder als falsch angesehen werden. Wir haben diese Freiheit. Wir dürfen unsere Ansichten und Meinungen ändern. Oft muss das sogar geschehen, wenn wir uns weiterentwickeln. Es ist ein Zeichen von Wachstum. Das bedeutet, dass das, was hier geschrieben steht, eine Momentaufnahme ist. Schon hier habe ich Dinge neu beurteilt, die ich in meinem vorigen Buch noch anders interpretiert habe.

Auch dieses Buch hat nichts von einem Roman oder einer Geschichte. Ich habe Texte ausgewählt, die ich interessant genug fand, sie anderen anzubieten. Sie haben sich in mir aufgetan und mir einiges an Lehrstoff geboten. Deshalb gebe ich sie weiter.

Die Texte sind bewusst kurz gehalten, damit der Leser nicht überfordert ist und das Geschriebene reflektieren kann. Ich habe bewusst auf Überschriften verzichtet. Hätte ich für jeden Text eine solche gewählt, hätte ich die Texte einordnen müssen. Ich wollte sie jedoch für eine freie Interpretation so stehen lassen.

Da vieles aus diesem Buch auch Themen aus meinem ersten Buch berührt, möchte ich darauf hinweisen, dass ich vielleicht das ein oder andere wiederhole. Dies ist manchmal einfach nicht ganz zu umgehen.

Wir Menschen neigen dazu, keine neuen Erfahrungen machen zu wollen. Wir machen es uns gerne bequem, lehnen uns zurück in unserem eingefahrenen Leben und scheuen uns nur allzu oft, etwas zu verändern.

Das Leben selbst rüttelt uns aber immer wieder aus dieser Position. Manchmal sanft wie ein laues Lüftchen – manchmal heftig, wie ein Sturm.

Das Leben will nicht, dass wir stehen bleiben, es will fließen und wenn wir uns diesem Fluss verweigern, dann weckt es uns mitunter unsanft aus dieser Haltung. Viel zu viele Menschen sind schon gestorben, ehe sie sterben.

Das Leben ist voller Türen. Türen, die geschlossen werden wollen, weil ein Kapital zu Ende ist. Türen die geöffnet werden wollen, weil ein neuer Abschnitt beginnt.

Leben ist Bewegung. Stillstand ist Tod.

Warum laufen wir Dingen nach, die wir meinen unbedingt besitzen zu müssen? Warum lassen wir den Dingen nicht ihren eigenen Fluss und schauen, was sie uns zeigen wollen? Warum wollen wir dem Leben unbedingt unseren Willen aufzwängen?

Jede Erfahrung ist wichtig. Wer sich auf neue Erfahrungen einlässt, geht reicher weiter, auch wenn so manche Erfahrung bitter schmeckt. Jede Erfahrung ist ein Prüfstein für unsere Reife und will uns zeigen, wo wir aktuell stehen. Erfahrungen sind dazu da, uns zu lehren, eine neue Richtung zu wagen und uns aus verrosteten Scharnieren zu befreien. Sie wollen nur unsere Tür wieder richtig öffnen, um Neues zu herein zu lassen. So geschehen Wunder.

Natürlich machen wir dabei Fehler. Aber im tiefsten Sinne gibt es sie gar nicht – diese Fehler. Fehler sind nichts anderes als Erfahrungen, die die Möglichkeit in sich tragen, eine neue Richtung einzuschlagen und neue Wege auszuprobieren. Dabei werden wir immer begleitet. Die Liebe des Großen Geistes ist nicht immer erkennbar. Aber sie ist IMMER da – auch wenn wir gerade blind durch's Leben stolpern.

Um das und um andere Dinge geht es in den nun folgenden Texten.

Ich hoffe, lieber Leser, dass es dir Freude macht, ein

bisschen durch meine Gedankenwelt zu reisen. Was immer du findest … es ist genau das, was du jetzt gerade brauchst.

Auf meiner eigenen, jahrelangen Suche nach Gott, nach mir selbst und nach für mich gültigen Lehren, bin ich auch mit einigen Lehrern in Berührung gekommen. Dabei spielt es keine Rolle, ob ich diese Lehrer persönlich kennengelernt oder mich lediglich mit ihren Lehrinhalten auseinandergesetzt habe.

Viele, von denen ich zunächst begeistert war, hielten nicht, was sie versprachen. Je länger ich mich mit ihnen beschäftigte und das, was sie lehrten, hinterfragte, desto mehr Widersprüche entdeckte ich in ihren Aussagen.

Es gibt eine Sorte Lehrer, die ich – für meinen Teil – als gefährlich ansehe. Es sind die, die verkünden, dass wir alles selbst in der Hand haben und unsere eigenen Schöpfer sind. Gerade sie sind es, die oftmals umgeben sind von großen Fangemeinden. Sie ziehen die Menschen an und tatsächlich haben sie – auf den ersten Blick – großes Charisma. Vieles, was sie sagen, scheint erst einmal richtig und stimmig. Es kippt dann aber genau an der Stelle, an der ich – persönlich – weitergehe zu Gott, dem Schöpfer, während diese Lehrer diesem Punkt keine weitere Beachtung schenken.

Da heißt es dann nämlich in etwa: „Ihr seid selbst euer Schöpfer. Ihr selbst erschafft eure Welt. Ihr habt nur vergessen, dass ihr selbst Gott seid."

Und genau hier gilt es konkret zu differenzieren, um nicht auf einem Irrweg zu landen.

In einem haben diese selbsternannten Götter recht, nämlich darin, dass wir in jedem Moment unser eigenes Glück oder Unglück erschaffen (Jeder ist seines eigenen Glückes Schmid). Wir selbst können tatsächlich in jedem Moment darüber entscheiden, ob wir dankbar, freudig, glücklich oder mürrisch, böse und leidend sein wollen. Selbst wenn uns etwas Schlimmes widerfährt, steht es uns frei, dieses Ereignis als wichtige Erfahrung oder als Strafe einzuordnen.

Was ich aber völlig anders sehe ist, dass wir nicht selbst unsere Welt erschaffen, sondern dass wir vielmehr in dieser Welt gelandet sind, um etwas zu erfüllen. Und diese Welt wird sehr wohl von etwas anderem erschaffen und gesteuert, als von uns selbst. Für mich gibt es auf jeden Fall etwas, das größer ist, als wir selbst und dem wir unterliegen.

Ein „wahrhaftiger" Lehrer weiß, dass er seinen Atem nur geliehen bekam. Ein „wahrer" Lehrer strebt auch gar nicht mehr danach, etwas „erschaffen" zu wollen, denn er IST einfach. Er nimmt, was er vorfindet, als gegeben hin und lebt mit JEDER Situation. Es gibt nichts, das er ablehnt und es gibt nichts, was „er" will. Er akzeptiert seine Lebensumstände – so wie sie sich ihm offenbaren.

Bei Lehrern, in deren Lehren es ausschließlich darum geht, etwas zu erschaffen, etwas zu verbessern, zu ändern oder zu erreichen, geht es – bei genauerem Betrachten – immer nur um Weltliches. Menschen, die sich solchen Gurus anschließen, trachten in erster Linie danach, reicher zu werden, glücklicher zu werden, erfolgreicher zu werden. Sie leben nicht im Hier und Jetzt, sondern immer in der Zukunft – immer in Erwartung.

Anhänger wahrhafter Meister suchen nur eines … den Weg zu Gott … d.h. sie tragen den Wunsch nach Liebe, Freiheit und Frieden in sich, der unabhängig von persönlichem Reichtum oder Erfolg ist. Diese Lehrer dienen in der Regel Gott und erfüllen somit ihre ganz persönliche Aufgabe. Sie erwarten deshalb von ihrem Schüler keine

Bezahlung und keinen Dank. Ihr einziger Wunsch ist es, den Schüler zu sich selbst zu führen. Dorthin, wo er auf alle Lehrerschaft im Außen verzichten kann und nur noch dem eigenen, inneren Weg folgt.

Für mich gibt es keinen Lehrer mehr, denn alles, was ich wahrhaft benötige, ist die tiefe Verbindung zu Gott. Und Gott finde ich immer und überall. In jeder Lebenslage, in allem, was mich umgibt, in jeder Situation, ob bei Tag oder Nacht, ob im Innen oder Außen, stets bin ich von ihm umgeben. Mal präsentiert er sich als Freund, dann wieder als Feind, mal ist er das Leben und manchmal der Tod. Tatsache ist, dass nichts ohne ihn stattfindet.

So ist ein guter Lehrer in meinen Augen dann ein guter Lehrer, wenn er seine Schüler dazu befähigt, keinen Lehrer mehr zu benötigen. Auch Jesus wollte, dass seine Jünger selbständig werden und ihrer inneren Stimme folgen.

Es war einmal eine kleine Blumenelfe, die sehr scheu und immer ein wenig ängstlich war. Stets war sie auf der Suche nach Sicherheit und Schutz und lebte so lange Zeit in einer Knospe. Sie fühlte sich wohl und geborgen und nie kam es ihr in den Sinn, dass es vielleicht noch etwas anderes geben könnte ... etwas, außerhalb ihrer Welt. Und so war sie zufrieden und arrangierte sich mit der Enge und Dunkelheit ihres Knospendaseins.

Manchmal lag sie da und träumte vor sich hin. Sie sah durch einen kleinen Spalt, durch den der Himmel schimmerte. Eigentlich reichte ihr das. Aber heute war etwas anders. Während sie durch diesen kleinen Spalt in das Blau starrte, flogen zwei Marienkäferchen kichernd über sie hinweg. Sie stutzte: „Gab es da draußen etwa doch noch etwas anderes?" Die kleine Elfe versuchte in ihrer Knospe aufzustehen, sich zu recken und zu strecken, doch wann immer sie dies tat, stieß sie gegen die Knospenwände. Vielleicht zum ersten Mal nahm sie die Enge war, in welcher sie sich befand. Still setzte sie sich hin und wurde mit einem Male sehr traurig. Eigentlich fühlte sie sich ganz schön alleine. Gerne würde sie auch einmal mit jemandem lachen und am Leben teilhaben. Doch was war das eigentlich ... Leben?

Erstaunt stellte sie fest, dass sie gar nicht wirklich wusste, was Leben denn bedeutete. Sicher, sie lebte hier und sie lebte hier in Ruhe und Frieden. Es war trocken, bequem und sicher. Was wollte sie mehr? Das Elfchen schimpfte mit sich selbst. Es wollte doch nicht unzufrieden und undankbar sein ... hatte es doch alles, was es brauchte. Und doch ... es regte sich immer mehr ein Gefühl in der kleinen Seele, das stärker und stärker wurde. Die Elfe fühlte sich nicht mehr wohl. Alles wurde ihr zu eng und zu eintönig und in ihr wuchs ein Gefühl von Sehnsucht und unbändiger Neugier. Sie stellte sich vor, wie es wohl wäre, wie die Marienkäfer dort draußen sein zu können und all das zu sehen, was ihr in ihrer Knospe verschlossen blieb.

Jeder Tag wurde nun schwerer für die kleine Blumenelfe. Wollte sie wirklich dieses große Risiko eingehen und ihre Knospe verlassen? Was würde sie dort draußen wohl erwarten? Was, wenn sie dort in Gefahr geriete? Aber was wollte sie hier noch? Sie konnte sich weder ausstrecken, noch entspannen, noch gab es irgendeine Abwechslung in ihrem Leben. Der Leidensdruck wuchs und wuchs und eines Tages erwachte das Elfchen von schrecklichen Alpträumen. Es träumte, dass es von der Enge und Dunkelheit seines Daseins verschluckt würde und für alle Zeiten dort gefangen bleiben musste. Da gab es sich einen Ruck. Es nahm allen Mut und alle Kraft zusammen und streckte sich so sehr, dass es die Knospe auseinander drückte.

Und dann floss es auseinander. Nach und nach öffnete es sich und breitete sich aus. Es streckte seine Glieder, es machte sich lang und breit und gab sich ganz dem Leben hin. Nie zuvor fühlte sich die Elfe so frei. Ihr Herz wurde durchflutet von einem Glücksgefühl, welches sie noch nie gefühlt hatte und noch blinzelnd sah sie sich um. Der Wind fuhr ihr sanft durch ihre Blütenblätter und die Sonne neigte sich zu ihr herunter, um sie zu wärmen. Auf einem ihrer Blätter nahm doch tatsächlich ein Marienkäfer Platz und flüsterte ihr zu, wie wunderschön er sie fand. Was freute sich da die kleine Elfe. Da gab es jemand, der sie schön fand. Zum ersten Mal in ihrem Leben fühlte sich das Elfchen lebendig.

Sie lachte und jauchzte und wollte nur eines: leben und lieben, tanzen, singen und glücklich sein. „Wie wunderschön doch das Leben sein kann", dachte die kleine Elfe und fragte sich: „Warum nur bin ich nicht früher aufgebrochen?" Doch sie lernte und begriff, dass das größte und erstaunlichste

Wachstum nur dann möglich ist, wenn es aus dem Schmerz erwächst.

Erst wenn wir leiden, spüren wir den Wunsch nach Veränderung. Zuerst müssen wir unseren Mangel wahrnehmen, um zu erkennen, dass es da mehr gibt, als das, was wir kennen. Und erst wenn wir aus unserem Kokon ausbrechen und das Risiko eingehen, zu leben, entfalten wir unsere Schönheit und Lebendigkeit. Dann werden wir zum zweiten Mal geboren. Geboren aus unserem eigenen Willen heraus ... aus der Sehnsucht nach uns selbst.

Und geht unsere Blütezeit zu Ende, dann nehmen wir die Erinnerung an all diese Süße und Schönheit mit, die wir gefunden haben, als wir uns ganz dem Leben hingaben. Wie wenig hätten wir doch gekostet von diesem süßen Leben, hätten wir nicht mutig unsere Knospe verlassen.

Selbst wenn Stürme die Blüte schütteln und Blütenblätter von ihrer Schönheit hinweg reißen. Selbst wenn Regen unerbittlich auf sie niederprasselt und dunkle Stellen auf ihr hinterlässt. Selbst wenn Menschenhände sie achtlos abpflücken ... niemals wird ihr die Erinnerung genommen werden können ... die Erinnerung an ihre schönste Zeit.

Ich habe die Erde als kleines Abbild des Paradieses für mich entdeckt. Nicht immer und nicht überall kann man diesen Eindruck gewinnen. Aber manchmal.

Manchmal fühle ich mich diesem Paradies so nahe. Zum Beispiel am Morgen, wenn ich ganz früh, bei Sonnenaufgang, mit meinen Hunden unterwegs bin. Das ist eine Zeit der Ruhe und des Friedens. Still liegen die Felder vor mir, wippende Maisblätter, sich wiegende Gräser, leuchtende Blumen und über allem der erste Glanz der Morgensonne.

Die Gräser erscheinen in einem glänzenden Goldton, die Blätter des Maises wirken durchsichtig. Jede Ader ist zu sehen, durch die der Lebenssaft in ihnen fließt und ganz zart ist ihr grünes Gewebe, das sich darüber spannt. Über mir fliegen Vögel und aus den Bäumen zwitschern sie mir ihre Lieder zu. Wir sind entspannt und genießen diesen Frieden – die Hunde und ich.

Das sind die Inseln, die ich mir während eines jeden Tages schaffe und aus denen ich Kraft schöpfe. Wenn meine Kraft versiegen will, brauche ich nur hinaus zu gehen in die Natur. Irgendwo an einen stillen Ort. Ich muss dann einfach nur wahrnehmen und sie in mich hineinfließen lassen. Und schon erfüllt mich Kraft, die aus vorüberziehenden Wolkenbildern zu kommen scheint, aus Mutter Erde, aus Bäumen und Sträuchern, aus der Luft, dem Wind und der Sonne.

Vielleicht ist es so, dass wir diese Schönheit als Abbild des Paradieses mit auf den Weg bekommen haben, um uns immer daran zu erinnern, woher wir kommen und wo wir einst wieder hingehen werden. Es ist ein Trost für den, der begreift und nicht achtlos an der Natur vorübergeht.

Das Paradies ist schöner – viel schöner – als die Erde an ihrer schönsten Stelle. Doch hier sind wir eben auch nicht im Paradies. Wir haben hier unsere Aufgabe zu erfüllen.

Es scheint mir, dass die Erde uns die Möglichkeit bietet, zu entscheiden, wem oder was wir folgen wollen. Da der Mensch Bewusstheit erlangen kann, soll er sie auch einsetzen und sich klar darüber werden, wer er ist und zu wem er gehört. Dafür sehe ich die Erde als alleinige Möglichkeit an.

Wir wurden gewarnt – immer wieder. Doch die Menschheit wollte nie hören. Sie will auch jetzt nicht hören. Das Ego ist inzwischen so groß geworden, dass viele Menschen glauben, sie seien selbst Götter. Wer aber nicht ganz klar „ja" zu Gott sagt und den eigenen Willen seinem unterstellt, der sagt „nein" zu ihm. Denn wer nicht für ihn ist, ist gegen ihn. Es gibt nur diese beiden Möglichkeiten. Ein bisschen Gott gibt es ebenso wenig wie ein bisschen schwanger.

Es wartet beides auf uns. Das Paradies, wie auch die Hölle. (Was ich unter dem Begriff Hölle verstehe, dazu komme ich später noch). Die Entscheidung überlässt Gott alleine uns, denn er hat uns – als einzigste Wesen – mit einem freien Willen ausgestattet. Nur dadurch ist es uns möglich, wieder ins Paradies zu gelangen. Wir müssen uns ganz klar für oder gegen ihn entscheiden.

Es gibt da keinen Kompromiss.

Deshalb dürfen wir auf der Erde sein. Was uns manchmal als riesige Last erscheint, ist ein großes Geschenk. Und dieses Geschenk ist einmalig. Der Erdenweg ist sehr anstrengend und fordert viel von uns. Aber er bietet auch eine einmalige Chance. Wir können uns entscheiden, nach diesem Leben wieder ins Paradies einzuziehen. Die Lehre von Reinkarnation scheint mir eine Falle. Auch wenn uns Gott nicht fallen lässt, so wird es doch nach diesem Erdenleben schwerer, uns aus den trügerischen und illusionistischen Banden zu befreien.

Jesus kam, uns dies zu lehren. Er hat versucht die Menschen aufzuwecken, doch nur wenige haben ihm geglaubt. Er kam nicht, um verehrt zu werden. Er hat es abgelehnt, angebetet zu werden. Sein einziger Wunsch war es, die Menschheit zu befreien und auf den richtigen Weg zu führen. Er wollte, dass wir den höheren Plan Gottes verstehen.

Gott hat uns als Menschen gestaltet, weil wir dadurch die Kluft (die Dualität, in die wir geworfen wurden) überwinden können. Wir sind seine Hoffnung, denn wir sind die Brücke zwischen Himmel und Erde. Und nur der Mensch ist fähig, beides miteinander zu verbinden. Alles, was im geistigen Reich lebt, kann sich nicht mit dem irdischen verbinden. Ebenso ist es umgekehrt. Sie alle können nur wirken, haben aber keine persönliche Macht. Einzig der Mensch kann wählen, wem er dienen möchte.

Meiner Auffassung nach, kann Dualität hier auf Erden nicht überwunden werden. Solange wir Erdenkinder sind, ist sie ein Teil unseres Daseins. Wie sollte sie auch überwunden werden? Es hieße dann ja, dass es nur noch Nacht gäbe, aber keinen Tag mehr oder umgekehrt. Oder dass es nur noch heiß wäre und nie mehr kalt … usw.

Nein … hier auf dem Planeten Erde herrscht Dualität. Und erst zum Zeitpunkt unseres Todes löst sich diese Dualität wieder auf. Wir gehen dann entweder ins Licht oder in die Dunkelheit. Jetzt gibt es keine Dualität mehr. Haben wir uns also hier für die „Dunkelheit" (Dunkelheit bedeutet, dass ein Mensch nicht bewusst werden möchte) entschieden, können wir bei unserem Tod (noch) nicht ins Licht gehen. Wir müssen dann einen dunkleren Weg gehen und zwar so lange, bis wir uns aus eigenem Willen dem Licht zuwenden. Das ist schon ein erster Einblick in das, was die Religionsschriften Hölle nennen.

Nach meiner Auffassung gibt es im Daseinsbereich, der uns nach dem Tod erwartet, nicht nur einen Weg ins Licht und einen in die Dunkelheit. Ich meine, es gibt viele Wege – zugeschnitten auf die jeweiligen Entwicklungsstufen und Bewusstseinszustände des Menschen. Dort wird das fortgeführt, was von der Erde mitgebracht wird. Je mehr wir also bereits hier erlösen, umso freier werden wir dort sein und umso eher auch in paradiesische Sphären gelangen.

Wer von uns ist schon unbeschadet durch die Wirren seiner Kindheit gekommen? Sicher, es gibt sie, die wohlbehüteten und geliebten Kinder … keine Frage. Doch sehr viele werden andere Erfahrungen gemacht haben. Gerade die „Nachkriegsgeneration", der auch ich angehöre, hatte noch sehr unter ihren oftmals stark traumatisierten Eltern zu leiden.

Dies soll kein Vorwurf sein – ich habe längst begriffen, dass jede Generation ihre Spuren hinterlässt – gute und weniger gute. Auch wir. Wir können nur immer wieder neu lernen und wachsen.

Worauf ich hinaus möchte, ist die Loslösung dieser alten Geschichten. Dazu müssen wir leider noch einmal in die dunklen Zeiten unserer Kindheitsgeschichte hinab tauchen.

Bei mir war es so, dass sich mein Geist sehr lange dagegen wehrte, doch die Seele lässt da keine Ausflüchte gelten. Wenn die Zeit reif ist, ruft sie und wer glaubt, ihren Ruf verdrängen zu können, der wird eines Besseren belehrt. So auch ich. Ich wurde lange sehr krank.

Erst viele Jahre später durfte ich erkennen und begreifen, welch wunderbare Möglichkeit mir gerade dadurch eröffnet wurde. Denn all das brachte mich zurück zu dem Punkt, an dem alles entstand und an dem dann auch Heilung möglich wurde.

Lange Zeit weigern wir uns, zu akzeptieren, dass wir auf schlimme Weise verletzt wurden. Verletzt von den einzigen Menschen, die wir einst liebten; verletzt von den einzigen Menschen, denen wir einst vertrauten. Wir wurden von ihnen verraten, verkauft und im Stich gelassen.

Und je mehr wir von Außen im Stich gelassen wurden, desto mehr ließen wir uns auch im Inneren im Stich. Wir versteckten uns tief in uns selbst und dachten, dass wir dort geschützt seien und keiner uns mehr weh tun könnte.

DAMALS – war das richtig und wichtig!

Heute aber ist es zu einem Hindernis geworden. Heute ist es erforderlich, die alten Mauern niederzureißen und all die kleinen inneren Buben und Mädchen zu erlösen. So lange haben sie in der Dunkelheit des Unterbewusstsein ausgeharrt und auf uns gewartet. Es ist deshalb so wichtig, damit nicht auch wir wieder unsere alten Wunden weiterreichen an unsere Nächsten und Übernächsten. Nur wenn wir die Verantwortung dafür übernehmen und dafür sorgen, dass wir heil werden, können wir auch den Fluch der Generationen durchbrechen und unsere Kinder und Enkelkinder heil aufwachsen lassen. Erst dann werden wir fähig sein, ihnen die so wichtige Freiheit zum eigenen Wachstum zu schenken. Erst dann werden wir sie als eigenständige Persönlichkeiten begreifen – als Leihgabe Gottes.

Sie haben es verdient, frei sein zu können ... leben, lieben, spielen, experimentieren, erfahren und am Leben teilhaben zu dürfen.

Dazu ist es aber erforderlich hinzusehen – uns anzuschauen und unsere inneren Kinder an die Hand zu nehmen. Es ist wichtig, diesen verletzten Wesen die Tränen abzuwischen und ihre Rotznasen zu putzen. Es ist wichtig, ihnen immer wieder zu versichern, dass wir uns ab heute um sie kümmern werden. Und es ist wichtig, uns daran zu halten und ihnen zu beweisen, dass wir es ernst meinen und sie nie wieder im Stich lassen.

Und indem wir den Blick auf unsere inneren Kinder richten, spüren wir diese riesige Trauer in uns … diesen ganzen fürchterlichen, alten Schmerz, den wir aushalten mussten. Den Schmerz, vor dem wir sie damals nicht bewahren konnten, den wir ihnen nicht ersparen und nicht abnehmen konnten.

Und dann fangen wir an, sie zu verstehen. Wir beginnen, ihren Schmerz zu fühlen.

Und wir fangen an, sie anzunehmen als die einst verletzten Kinderherzen, die sie waren.

Ein Wunsch wird in uns geboren … das Kind, welches wir einst waren, zu lieben und für es zu sorgen.

Wir dürfen jetzt weinen, dürfen nun all die Tränen weinen, die wir als Kinder nicht weinen konnten, die wir verstecken mussten, weil sie zu gefährlich waren.

Zur Heilung gehört genau diese Trauer, diese ganzen, alten Kindheitsgefühle, die uns all die Jahre hindurch so sehr blockierten und unfrei machten. Die uns aus altem Schmerz Dinge tun ließen, die wir selbst nicht verstehen konnten.

Heute müssen wir noch einmal hinsehen. Wir müssen uns noch einmal anschauen und dann dürfen wir – mit unserem Kind an der Hand – den Ausgang so wählen, dass er dieses Mal gut für uns ist. Wir führen unsere inneren Kinder (und damit auch unsere realen Kinder) in die Freiheit und erlauben uns und ihnen endlich zu SEIN.

Gott wird niemals aufhören, seine Kinder zu rufen. Er wird niemals müde, seine Kinder heilen zu wollen. Er ist nicht schuld daran, dass wir leiden. Er wollte nie Leid. Leid ist immer durch Menschen verursacht. Und trotzdem habe ich erfahren, dass fast jeder Mensch – egal, was er im Leben auch angerichtet hat – immer nur auf der Suche nach Anerkennung und Liebe war.

Ich konnte vielen Menschen, die mir schreckliche Dinge angetan haben, vergeben, weil ich ihr Leid sehen durfte. Es war, als würde mir ihr Innerstes gezeigt und ich erschrak über den Schmerz, den sie in sich trugen. So wurde mir Verzeihen möglich und ich bin sehr dankbar dafür.

Gott gibt nichts, was er je geschaffen hat, auf. Seine Geduld und seine Liebe sind so groß und er wird den letzten Tag nicht kommen lassen, ehe nicht jedes Wesen die Möglichkeit erhalten hat, zu ihm zurückzukehren.

„Gott, bitte erkläre mir den Atem. Ich habe das Gefühl, mein Wohlbefinden hängt sehr mit meiner Atmung zusammen. Ist das so?"

Die Antwort:

„Ja, das hast du sehr gut erkannt. In der Tat atmen fast alle Menschen falsch. Sie reduzieren sich permanent über die Atmung. Das kann jeder sehr schnell an sich selbst feststellen. Die meisten atmen nur sehr flach und oberflächlich. Dabei schenke ich ihnen doch alles. Ich schenke ihnen die volle Lebenskraft und sie nehmen nur so wenig an. Das ist, als würde dir jemand 500 Euro schenken und du würdest davon nur zaghaft 50 nehmen und den Rest nicht anrühren.

Der Atem ist die göttliche Urquelle. Ich habe allem meinen Lebensatem eingehaucht, ehe es zum Leben erwachte. Und so atme ich auch heute noch jeden Augenblick jedem Leben meinen Atem ein. Ich möchte, dass ihr davon überfließt.

Wir sind eins ... du und ich. Verstehe das.

Siehe, wenn du ausatmest, atme ich gleichzeitig ein. Ich nehme deine ausgeatmete Luft in mich auf, verwandle sie und atme sie danach wieder als gereinigte Luft aus. Jede Luft also, die du einatmest, ist zuvor von mir gereinigt und dir wiedergegeben. Warum bist du so zaghaft und nimmst so wenig davon auf? Nimm mich auf. Ich bin das Leben und du wirst durch mich lebendig.

Stell dir eine liegende 8 vor und atme ihr nach. Wenn du auf der einen Seite oben beim Einatem verweilst, verweile ich auf der Gegenseite unten beim Ausatem. Wir sind durch die Diagonale verbunden und dann umgekehrt und immer so weiter. Du kannst nicht ohne mich sein. Schau, Jesus hat es so ausgedrückt: „Ich bete für sie alle, dass sie eins sind, so wie du und ich eins sind, Vater – damit sie in uns eins sind, so wie du in mir bist und ich in dir bin und die Welt glaubt, dass du mich gesandt hast." (Johannes 17,21) Das zeigt sich im Atem. Du bist in mir und ich bin in Dir. Wir sind eins. Und der Atem ist das, was uns verbindet. Drosselst du deinen Atem, entfernst du dich von mir. Nimmst du ihn voll auf, verbindest du dich mit mir. So einfach ist das."

Vor einiger Zeit durfte ich morgens bei Sonnenaufgang eine wundervolle Erfahrung machen. Noch immer gelingt es mir nicht, diese zu beschreiben. Wie soll man einen gefühlten Zustand auch beschreiben?

Und da ist es auch schon … das erste Hindernis. Es war eben kein Gefühl.

Eine Person, die erlebte, wie ich versuchte, darüber zu erzählen, meinte, ich sei erleuchtet worden. Nein, ich bin nicht erleuchtet worden. Und ich mag auch solche Begriffe nicht. Es war auch nicht dieses Gefühl von überfließender Liebe, die der ein oder andere kennt. Dieses Gefühl hatte ich öfter nach besonders intensivem Hsin-Tao-Übens, aber das ist etwas völlig anderes. Dort ist es nämlich tatsächlich ein „Gefühl". Es breitet sich in einem aus und vermittelt einem den Wunsch überfließen zu wollen. Aber das war es nicht. Nein, es war etwas völlig anderes, etwas völlig neues.

Liebe ist – so ist meine Auffassung – an etwas gebunden; an einen Menschen, an ein Tier, an Gott oder den Anblick eines schönen Naturereignisses, an eine Situation oder etwas anderes Erlebtes. Und selbst wenn man zu meinen glaubt, dass man einfach nur liebt, gibt es doch immer etwas, das man liebt – sei es auch nur den Zustand selbst.

Was ich an jenem Morgen aber erlebte, war ganz

anderer Natur. Ich habe nämlich in diesem Moment überhaupt nicht mehr gefühlt. Und nun kommt das, was ich eben nicht beschreiben, nicht ausdrücken kann. Ich WAR einfach. Es war ein völlig aufgelöster Augenblick im Sein.

Alles was in diesem Moment war, war an nichts mehr gebunden und doch in sich völlig ganz.

Lange habe ich überlegt, wie ich diesen Zustand beschreiben könnte. Und es fiel mir kein passender Vergleich ein. Vielleicht kommt das Wort „Frieden" dem am nächsten, was ich empfunden habe.

Ich befand mich in einem Zustand völligen Friedens. Da war keinerlei Verlangen, kein Begehren, keine Angst, kein Schmerz, kein Denken. Ich war nicht voll mit einem besonderen Gefühl – im Gegenteil … ich war so leer wie nie zuvor. Und genau diese Leere war die Fülle. Die Zeit existierte nicht mehr, wie auch alles Wahrnehmbare ohne jede Bewegung war. Es war ein Zustand völligen Ausgefülltseins ohne mit etwas gefüllt zu sein. Man sieht, es ist mir nicht möglich, passende Worte dafür zu finden.

Dieses Sein erfahren zu dürfen, war eine der

schönsten Erfahrungen, die ich je erleben durfte.

Ich verstehe nun, dass das Selbst (die Seele) ... das ewig unveränderte, das ewig bleibende ... mit dem Geistwesen verschmelzen kann, wenn der Geist im Körper des Menschen dieses SEIN bewusst erlebt. In einem solchen Moment ist die Seele mit dem Geist im Körper völlig vereint und es gibt nichts mehr sonst zu erleben. Jede Schrift, jede Lehre, jeder Gedanke ... alles muss schweigen und sich beugen vor diesem ALLES. Die Dualität ist verschwunden – für einen kurzen Augenblick ist alles EINS.

Plötzlich wurde auch Meditation für mich verständlich. Ich war nie groß die Meditierende. Ich habe auch selten Yoga gemacht oder andere Techniken praktiziert. Hin und wieder, nie aber konstant. Und doch verstehe ich nun, was wahre Meditation ist. Es ist nicht dieses Sitzen und die Konzentration auf etwas ... es ist einfach dieses SEIN ... der Zustand bloßen Beobachtens, Wahrnehmens und „Betrachtens". Wahrnehmung ohne jegliche Emotion. Anders ist es mir im Moment nicht erklärbar.

Wenn Meditation Konzentration erfordert, hat sie schon versagt, denn sobald Konzentration nötig ist, wird der Geist in Anspruch genommen. Ist der Geist aber rege, sind wir nicht im Sein.

SEIN – der Kreis schließt sich. Vater, Sohn und Heiliger Geist sind vereint. Der Vater (Gott – das SEIN) verschmelzt mit dem Heiligen Geist (Geistwesen im Menschen) in einem irdischen Körper (Jesus, der Menschgewordene).

Körper, Geist und Seele … alles vereint.

Seit dieser Erfahrung haben sich die Dinge für mich wieder einmal grundlegend geändert. Bin ich noch bis vor einigen Monaten davon ausgegangen, dass sich die Seele im irdischen Körper eines Menschen befindet, sehe ich das heute anders. Und vieles macht nun auch mehr Sinn für mich.

Ich sehe die Seele inzwischen als außerhalb vom Menschen. Ihr Sitz ist bei Gott, weil sie selbst ein Teil von Gott ist. Ich sehe es so, als wäre die Seele jedes Wesens eine Zelle Gottes. Und jede Zelle bleibt Teil von Gott. Sie bewegt sich nicht von ihm weg und Gott gibt sie auch niemals her. Er behütet und bewahrt jede Zelle seines Seins – und somit jede Seele.

Die Seele ist das, was sich niemals verändert. Sie steht unter ganz besonderem Schutz – unter göttlichem Schutz. So kann es auch keine alten Seelen geben, wie es so oft publiziert wird. Eine Seele ist einfach. Sie ist weder jung noch alt, sie fühlt auch nicht, sie ist einfach nur pures Bewusstsein und gibt dem Geistkörper, den sie entsendet, um in einen irdischen Körper einzutauchen von diesem Bewusstsein ab. Und zwar nicht von sich aus, sondern auf Wunsch des jeweiligen Menschen. Der Mensch entscheidet, wem oder was er nachfolgt. Dürstet er nach Bewusstsein, so wird ihm seine Seele Bewusstsein zuteil werden lassen. Aufdrängen tut sie sich nicht. Sie ist einfach … geduldig und zeitlos.

Der Geistkörper ist verbunden mit der Seele (also der Zelle Gottes) und dem materiellen Leib des Menschen. Im Grunde genommen ist er also der Vermittler zwischen Himmel und Erde. Ohne den Geistkörper kann der materielle Körper nicht existieren. Nur durch diesen ist es ihm gegeben, lebendig zu werden. Das, was eigentlich all die Erfahrungen macht, sich entscheiden muss und all die Prüfungen zu bestehen hat, ist also der Geistkörper. Er ist der Teil, der auch später (nach Ablegen des irdischen Körpers) weitere Erfahrungen machen wird. Die Seele bleibt aber auch dann immer weiter bei Gott. Sie hat nur die Aufgabe,

Bewusstsein auszusenden. Sie übt keinen Einfluss auf den Geistkörper aus, sondern sie bewahrt ihn lediglich. Sie ist immer gleich – so wie dieser Zustand, in welchem ich mich befunden habe. Die Seele kann nicht vergehen. Sie wird erst dann vergehen, wenn Gott selbst sich auflöst. Somit gibt es auch keine „verlorenen Seelen". Seelen können nicht verloren gehen. Es sind die Geistwesen, die verloren gehen können. Aber Gott wartet auf sie, solange es ihn gibt, weil ihre Seelen Teil Gottes sind und somit nicht vergehen können.

In diesem Sommer, der so unglaublich heiß war, fragte ich Gott, warum mir der Sommer mit seiner Hitze immer so zusetzt. „Warum nur", so fragte ich, „bin ich im Sommer stets so wenig leistungsfähig und so gestresst von der Hitze?"

Die Antwort, die ich darauf erhielt, war folgende:

„Betrachte die Schöpfung. Sieh, wie sie dir alles zeigt. Alles Äußere findet sich wieder im Inneren. So sieh, wie anstrengend das Licht ist. Der Sommer, der den höchsten Stand der Sonne hat ... die Sonneneinstrahlung, wenn sie am größten ist ... dies ist ein Bild dafür, wie anstrengend es für den Menschen ist, wenn das Licht auch in ihm größer wird - wenn er neues Bewusstsein erhält.

Verstehe, wie beides sich gleicht!

In Zeiten, in denen Dir großes Bewusstsein und große Erkenntnis zuteil wird, wirst du geschwächt sein. Man mag glauben, dass neues Bewusstsein stark macht, doch stärkt es nur den Geist, nicht aber den Körper. Der Körper gehört zum materiellen Bereich und wird dabei geschwächt, weil das Empfangen neuer Energien für ihn enorme Arbeit darstellt.

Die hohe Sonneneinwirkung eines Sommers zeigt es Dir. Und wie der Sommer vorüber geht und der Herbst erscheint und die ersten Blätter von den Bäumen weht, so wird auch dein Geist nach einer neuen Bewusstwerdung Altes gehen lassen. Das neu Gewonnene fordert seinen Platz und muss sich deshalb von Altem lösen. Nebel steigt auf im Herbst ... und in einer Art Dunst sortiert sich dein

Geist auch in dir neu. Du hast dann mitunter das Gefühl, nicht ganz da zu sein. Das neue Bewusstsein wird nun an seinen Platz gerückt und altes gelöst und hinweg geweht. Ganz so, wie es die Herbststürme im Außen tun.

Danach folgt der Winter. Es wird nun alles ruhig. Stille legt sich übers Land und Stille erfährst auch du nach einer Bewusstwerdung in deinem Geist. Mit dieser Stille kommt nun auch die Klarheit zurück. Ganz so wie der Winter frische, klare Luft im Außen bringt, wird auch dein Geist wieder frisch und klar. Und wie du im Winter leistungsfähiger bist, bist du es nun auch im Geistigen wieder, wenn das neue Bewusstsein in dir integriert wurde. Es ist eine Zeit der Erholung. Jetzt darfst du Kraft tanken. So lange, bis dein Geist für weiteres Bewusstsein bereit ist. Dann setzt sich dieser Kreislauf fort

Frühling macht sich bemerkbar. Ganz vorsichtig und sacht breitet sich neues, noch schwaches Licht aus und ganz allmählich zeigen sich erste Pflanzen. Und auch dein Geist will weiter bewusst werden. Du empfängst ganz langsam neue Gedanken und Erkenntnisse. Dies muss - genau wie im Frühjahr - sehr behutsam geschehen.

Würde ein Mensch sofort mit dem kompletten, neuen Bewusstsein überschüttet werden, wäre es genauso, als würde direkt nach der frostigsten Nacht eines Winters, der heißeste Tag des Sommers folgen. Stell dir das vor.

Deshalb muss alles langsam vonstatten gehen. Das Frühjahr wächst langsam zum Sommer heran. Und so fließen auch neue Erkenntnisse in dir langsam, bis sie sich in einem neuen höchsten Erkenntnisstand und einer neuen Bewusstseinsebene befinden und dann wieder verebben um langsam zur Ruhe und zur Erholung kommen.

Du musst nur schauen. Dann wirst du alles verstehen. Licht zu erfahren, aufzunehmen und zu integrieren ist sehr anstrengend. Deshalb muss darauf auch immer eine Phase der Erholung folgen."

Als wir noch nicht auf der Erde waren, lebten wir in einem Himmel.

Aber da es nicht nur einen Himmel gibt, sondern mehrere – vielleicht sieben (*Warum gerade sieben? Nun ... ein Atom hat um seinen Atomkern für seine Elektronen sieben mögliche Schalen ... oder es gibt sieben Chakren, auf die ich zu späterem Zeitpunkt noch ausführlicher zu sprechen komme ... oder die Natur zeigt mir, dass ich mich in einem System von 7 Richtungen bewege ... Nord, Ost, Süd, West, oben, unten, Mitte ... es gibt noch sehr viele Beispiele, auf die ich an dieser Stelle nicht alle eingehen kann*) – müssen wir daran arbeiten, in den nächsten Himmel zu gelangen.

Dies bedeutet: mir müssen zunächst auf die Erde. Bevor wir zur Erde aufbrechen, erhalten wir die erforderlichen Informationen für diese Reise.

Ein Engel spricht mit uns: „Du weißt, wer die Erde regiert, nicht wahr? Du weißt auch, dass du auf der Erde sehr weil von Gott und dem Himmel entfernt sein wirst? Sobald du den Erdenboden berührst, wirst du alles vergessen, was du jetzt noch weißt.

Du wirst hinausgeworfen in eine Welt, die dir völlig fremd ist. Sie ist kalt und dunkel und sehr oft ungemütlich. Nichts, was du hier gewohnt bist, wird dort zu finden sein. Es sei denn – du suchst danach. Dann hast du die Möglichkeit, Teile davon zu entdecken und diese werden dann deine Erdenreise um einiges leichter machen können. Ab dem Moment, in welchem du auf der Erde ankommst, bist alleine DU dafür verantwortlich, was geschieht. Folgst du dem, der die Macht auf Erden hat, wirst du dich noch weiter von all der Erinnerung entfernen. Suchst du aber mit deinem ganzen Herzen Gott und das Reich, aus dem du kommst, wirst du nach und nach mehr Erkenntnis erlangen und uns erkennen.

Diese Erdenprüfung ist eine der schwersten, weil sie eine der niedrigsten Ebenen ist. Doch wisse: Du wirst auf der Erde niemals alleine sein. Egal, was du auch tust, egal, was du anstellst, du wirst dennoch in jedem Augenblick deinen ganz persönlichen Engel an deiner Seite haben. Doch du wirst nichts davon wissen.

Je nachdem, wie du lebst und was du tust, werden dir weitere Helfer zur Seite gestellt, doch auch diese wirst du nicht mit deinem geistigen Verstand erkennen, sondern nur mit dem Herzen. Lebst du also so, dass dein Herz verschlossen bleibt oder nährst du dein Herz mit Bitterkeit, Zorn und schlechten Gedanken, so wirst du auf viel Hilfe verzichten müssen. Übst du dich aber darin, dein Herz zu öffnen und es von all der Dunkelheit zu befreien, werden sich immer mehr Helfer um dich versammeln.

Du allein entscheidest also, wie du lebst.

Niemals wirst du ohne Anweisung sein. Aber ... du musst sie wollen. Von alleine erhältst du sie nicht. Du musst darum bitten. Sobald du dich jedoch darauf besinnst, dass es Größeres gibt, als dich und diese Macht um Hilfe bittest, wird sie dir gewährt werden. So kannst du immer weiter in diese helle Energie hineinwachsen und mehr und mehr erkennen, dass die Erde nur eine Prüfung ist. Du allein bist dafür verantwortlich, wie du in dieser Prüfung abschneidest.

Diese Information wird dir immer zur Verfügung stehen und du wirst von uns daran erinnert werden, sobald du dich uns zuwendest und um Führung bittest. Wir sind immer da, um dich zu unterstützen. Aber wir haben deinen persönlichen Willen zu respektieren, den Gott dir geschenkt hat. Niemand sonst verfügt über dieses göttliche Geschenk – nur der Mensch.

Wir – die Engel – haben Gottes Befehle zu befolgen. Du aber darfst wählen.

Wähle weise – Mensch – wähle weise … auf dieser … deiner … Erdenreise."

Wer glaubt, Erleuchtung finden und von da an ewig erleuchtet sein zu können, der wird schon sehr bald feststellen, dass dem nicht so ist. Es ist ein Trugschluss, dass Erleuchtung etwas Bleibendes ist. Lediglich das Bewusstsein, dass dieser Zustand existiert, ist das, was bleibt. Es ist das Wissen darum. Der Zustand selbst ist ein sehr kostbares Geschenk, welches meist nur einen kurzen Augenblick andauert.

Ich, persönlich, mag das Wort Erleuchtung nicht. Es hat etwas klassifizierendes. Was bedeutet dieser Begriff denn überhaupt? Zerlegen wir das Wort „erleuchtet", so erhalten wir „er leuchtet". Für mich – und wieder spreche ich nur von mir – bedeutet dieser „er" ... Gott. Für mich leuchtet in einem solchen Moment der sog. Erleuchtung Gott. Es ist ein Moment, in welchem Gott durchschimmert und sich ein kleines bisschen zu Erkennen gibt. Erleuchtung hat also nichts damit zu tun, dass ein Mensch auserwählt wurde und ab sofort etwas „Besseres" ist, sondern dass er ein sehr großes Geschenk erhalten hat, welches ihm ein Stück vom Himmel zeigt. Ein solcher Moment erfüllt mich immer mit Demut.

Die Zustände von Erleuchtung können nicht lange gehalten werden. Ich glaube, dass es – hier auf der Erde – nicht möglich ist. Sie gestatten uns lediglich einen Blick in etwas, das größer ist als die Erde ... auf etwas, das Größer ist, als wir.

So erlebe ich mich manchmal wie die Sonne. Die Erde und alle anderen Planeton umkreisen mich. Ich bleibe auf meinem eigenen Platz* und beobachte dabei, wie alles sich um mich herum dreht. Dabei bleibe ich völlig ruhig und unbewegt. Ich werde tatsächlich wie der Fels in der Brandung und weiß, dass ich bin und immer sein werde. Nichts kann mich erschüttern, nichts kann mich ängstigen, nichts beeindrucken. Alles ist gut. Ich bin einfach.

Dann aber bin ich wie die Erde und drehe mich um die Sonne. Ich umkreise sie und versuche zu ihr zu gelangen, ohne es zu schaffen. Ich suche die Mitte und kann sie nicht finden. Viel zu weit bin ich von ihr entfernt und unerreichbar scheint sie mir. Während ich mich so um die Sonne drehe, bin ich mir der ständigen Bewegung gar nicht bewusst und trotzdem weiß ich, dass ich unaufhörlich auf meiner Umlaufbahn bin.

Manchmal bin ich aber auch wie die Venus oder der Neptun, der Saturn oder der Mars. Dann umkreise ich die Mitte in anderen Abständen. Mal bin ich ihr näher, dann wieder bin im um Welten von ihr entfernt. Es ist ein ständiges sich annähern und entfernen, das nicht spiralförmig und somit gleichförmig stattfindet, sondern im Wechsel, der meinen jeweiligen Lebensumständen entspricht.

Niemals bin ich also nur Mitte. Und niemals bin ich nur in einem bestimmten Abstand von der Mitte entfernt. Alles wechselt, so dass ich alles aus dem Universum in mir leben kann und alles aus dem Universum sich in mir leben kann. Wie innen - so außen. Es bleibt immer eines: die Anziehungskraft der Sonne. Sie ist eine Konstante, auf die wir uns verlassen dürfen. Würde die Sonne diese Kraft plötzlich außer Kraft setzen, so würden die anderen Planeten hinausgeschleudert, ohne jeden Halt. Genauso sehe ich die Anziehungskraft Gottes. Egal, wie weit wir uns von ihm weg bewegen, er hält uns weiter auf unserer Umlaufbahn.

Das gleiche Bild hatte ich schon einmal beschrieben in einer Betrachtung über das Atom. Es spiegelt sich in so vielen Bereichen. Alles dreht sich immer wieder um eine Mitte ... das Atom mit seinem Atomkern, die Zelle mit ihrem Zellkern, unsere Planeten um die Sonne, die Erde um die Erdachse, usw.

In diesen kurzen, kostbaren Momenten, in denen ich mich wie die Sonne fühle, habe ich für einen ganz winzigen Augenblick einen Zipfel von Gott erfahren. Es ist aber nicht möglich, auf dieser Ebene zu bleiben und so muss ich anschließend wieder zurück auf meine Umlaufbahn.

Stellt euch vor, ihr würdet einen Berg besteigen. Zunächst seid ihr noch sehr weit vom Gipfel entfernt. Doch die Sehnsucht nach diesem Gipfel lässt euch weitergehen. Sie führt euch Schritt für Schritt nach oben. Langsam aber stetig. Seid ihr dann endlich oben angekommen, bleibt euch nichts anderes übrig, als nach einem kurzen Erleben dieses höchsten Punktes, die Umkehr anzutreten. Ihr müsst wieder hinab. Keiner kann auf dem Gipfel bleiben. Es ist nicht möglich.

Erleuchtung bezeichnet also immer nur einen kleinen, geschenkten Augenblick. Jeder muss diesen Moment wieder verlassen – sonst könnte er nicht mehr an diesem Erdenleben teilhaben. Und dazu sind wir ja schließlich gekommen. Es gibt also im Grunde genommen keine wirklich Erleuchteten. Nur einer leuchtet. ER leuchtet.

*Anmerkung: Die Sonne bleibt selbstverständlich nicht konstant an ihrem Platz. Sie dreht sich – nach derzeit gültigen Aussagen – um sich selbst um die Milchstraße. Wobei es da auch noch viel Ungeklärtes gibt. Ich habe dieses allgemein übliche Bild lediglich zur Versinnbildlichung herangezogen.

Von *Phil Bosmans* las ich einmal einen Satz, der mich zum Nachdenken brachte. Er lautete: „*Wenn ein Fisch in seiner Welt auf Entdeckungsreise geht, ist das letzte, was er entdeckt, das Wasser.*"

Wasser ist das Element der Fische.

Sauerstoff das Element des Menschen.

Wie der Fisch das Wasser um sich herum nicht wirklich wahrnimmt und als selbstverständlich hält, tut dies auch der Mensch mit der Luft, mit dem Sauerstoff.

Der Fisch merkt erst, welch kostbares Gut das Wasser für ihn ist, wenn er auf trockenem Land liegt … wenn der Fluss, in welchem er zuhause ist, ausgetrocknet ist und die Sonne erbarmungslos auf ihn niederbrennt.

Erst dann, wenn er sich BEWUSST wird, was in

seinem Leben tatsächlich wichtig ist, erkennt er, dass er ohne Wasser nicht existieren kann.

Jetzt entdeckt er seine Welt.

Beim Menschen ist es ebenso.

Er wird sich erst dann darüber bewusst, dass Luft sein Leben bestimmt, wenn ihm der Atem genommen wird. Dann erkennt er, dass er ohne Luft nicht existieren kann. Er erkennt, was wirklich wichtig ist.

Er entdeckt seine Welt.

Der Fisch kann auch dann nicht überleben, wenn ihn jemand mit Essen versorgt. Auch nicht, wenn jemand Mitleid mit ihm hat und ihm gut zuredet. Was er benötigt … ist Wasser.

Der Mensch kann auch nicht überleben, wenn ihm jemand Geld gibt. Und auch nicht, wenn ihm jemand sagt, dass er ihn lieb hat und ihm die Hand reicht. Was er benötigt … ist Luft.

Beide können also nur dann überleben, wenn sie

wieder in ihrem Element sind. Für den Fisch ist das Wasser sein Universum, genauso wie für den Menschen die Luft.

Oft verwechseln die Menschen leben mit Leben.

Sie meinen, Leben sei, alles zu haben, Macht zu besitzen und materielle Güter. Sie glauben ihre Umwelt kontrollieren zu können ... sei es mit ihrem Geist oder ihrem Geld. Doch selbst wenn sie alles besitzen würden, was möglich ist, so müssten sie doch eines Tages feststellen, dass all das an Bedeutung verliert, wenn ihnen die Essenz des Lebens entzogen wird ... wenn es keine Luft mehr für sie gäbe.

Mit einem letzten Blick werden sie dann ihre ganzen Besitztümer betrachten und erkennen, dass man nicht davon leben kann.

Leben ist nur dort möglich, wo wir mit Leben versorgt werden. Das ist ein Geschenk. Und wie ein Fisch nicht für sein Wasser sorgen muss, so muss auch kein Mensch für seinen Atem sorgen. Wir alle werden auf fantastische Weise versorgt. Und das zu jedem Zeitpunkt.

Unsere Welt sollte also nicht das Letzte sein, das wir entdecken, sondern an erster Stelle stehen. Denn erst durch die Bewusstwerdung, von was wir abhängen, wird Leben wirklich lebenswert.

Es ist schon lange her – ich war damals vielleicht 25 Jahre jung – als ich auf einem Vortrag von Rüdiger Dahlke war und dort seinen Ausführungen zum Thema „Mandalas" lauschte. Dahlke schnitt dieses Thema damals am Rande an und ich war fasziniert von der Betrachtungsweise und der Vielfältigkeit dieser runden Symbolpracht. Er zeigte damals, anhand der Mandalas, den Lebensweg aus der Mitte – in die Mitte.

In den darauffolgenden Jahren beschäftigte ich mich immer wieder mit Mandalas. Ich entwarf selbst welche und fand immer wieder Gefallen an ihren unendlichen Ausdrucksmöglichkeiten. Als mein Sohn noch klein war, ließ ich ihn immer wieder welche ausmalen. Und auch jetzt in der Demenz meiner Mutter, biete ich ihr immer wieder diese Art der Beschäftigung an. Sie liebt es und kann sich stundenlang damit beschäftigen.

Gleichzeitig beschäftigte ich mich aber ebenso und intensiv mit allen Formen von Religion, Philosophie, Esoterik und Mystik. Dabei entwickelte sich in mir eine ganz neue Betrachtung des Mandalas. Diese möchte ich hier vorstellen. Das Mandala als Lebensrad. Die Erklärung Dahlkes „aus der Mitte – in die Mitte" gefiel mir. Mir fehlte aber etwas ganz Entscheidendes dabei. Nämlich das ... DANACH. Was passiert, wenn wir wieder in der Mitte angekommen sind?

Dies war dann der Grund, warum ich das ganze System versuchsweise einfach umdrehte. Ich stellte mir vor, dass der Anfang des Lebensweges nicht in der Mitte liegt und somit auch nicht sein Ende, sondern dass es sich genau umgekehrt verhält. Der Anfang des Lebens beginnt von außen und verläuft von dort aus nach innen zu seinem Mittelpunkt. Dort – in der (Lebens)mitte – erfolgt dann die Umkehr. Der Lebensweg führt nun wieder zurück zu seinem Ursprung. Das heißt ..., alles, was bis dahin erlernt wurde, wird nun auf dem Rückweg erneut durchschritten und geprüft. Der Rückweg kann somit zum „Meisterweg" werden.

Während ein neues Leben – als Embryo – im Mutterleib heranwächst, erfährt es dort zunächst einmal Dunkelheit. Diese dauert so lange an, bis das Baby fähig ist, das Licht dieser Welt zu ertragen. Dass es nach der Geburt ganz langsam erst an dieses Licht gewöhnt werden muss, erkennt man daran, dass ein Baby nicht gleich sehen kann. Die Sicht wird Schritt für Schritt von Gott freigegeben.

Das Prinzip ist dasselbe, wie bei einem Samenkorn. Ein Samenkorn muss zunächst in die Dunkelheit der Erde gelegt werden, um dort keimen zu können. Es wird dann sichtbar, wenn es stark genug, ist, außerhalb der Erde bestehen zu können – ausgesetzt aller dort vorherrschenden Einflüsse wie Regen, Kälte, Sonne, Wind, etc.

Leben entsteht zunächst einmal in einer „Dunkelzone". Auch ein Diamant ist zunächst einmal nur ein dunkler Klumpen Kohle.

Endet ein Leben, erlebt der Sterbende zunächst auch eine Art „Dunkelzone". Wann diese genau durchschritten wird, bleibt uns ein Geheimnis. Manche erleben sie während des Sterbevorgangs –

wie man aus zahlreichen Nahtoderfahrungen entnehmen kann. Manche erleben sie beim Verlassen des Geistkörpers aus dem irdischen Körper. Viele Nahtoderfahrungen berichten von einem dunklen Tunnel oder einer Art dunklem Rohr, durch welches sie gezogen wurden … hin zu einem sehr hellen Licht.

Es wiederholt sich also wieder der gleiche Vorgang wie bereits bei der Geburt. Ich leite nun – für mich – davon ab, dass jedes dieser Ereignisse … sowohl Geburt als auch Tod … einen Eintritt darstellt. Bei der Geburt tritt Leben aus dem Dunkel des Mutterleibes auf die Erde. Beim Tod tritt Leben aus dem Tunnel in die nächste Daseinsform. Beide Male müssen Dunkelbereiche durchschritten werden. Beide Male beginnt das neue Sein in „hellerem" Licht.

Gehen wir noch einmal zurück zu meiner Vorstellung, so ist nun – durch die Umkehrung des Lebensweges innerhalb des Mandalas – eine neue SEINS-Möglichkeit geschaffen.

Somit würde „menschliches Leben" also bedeuten, dass ein neues Leben aus der „Unendlichkeit" heraus geboren wird. Dieses

Menschenleben schreitet danach durch das Mandala in seine (Lebens)mitte und von dort mit den gemachten Erfahrungen den gekommenen Weg wieder zurück. Dies ist die Suche nach der eigenen Mitte – nach dem Selbst.

Was würde das nun bedeuten? Es würde bedeuten, dass wir all das, was wir auf dem Weg ins Erwachsenwerden erlebt, erfahren und uns angeeignet haben, ab dem Zeitpunkt der Umkehr noch einmal überdenken, überprüfen und bereinigen dürfen. Auf dem Weg in die Mitte findet eine Art „Anhäufung" (sowohl materiellem wie auch geistigen Gutes) statt. Auf dem Rückweg sollte nun das „Aussortieren" und „Loslassen" Raum gewinnen. Hier wird nun auch Vergebung wichtig.

Vielleicht kann man die Umkehr als das bezeichnen, was Jesus meinte, als er sagte: *„Wahrlich, ich sage euch, so ihr nicht umkehrt und werdet wie die Kinder, werdet ihr nimmermehr in das Reich der Himmel eingehen."* *(Bibel, Matthäus 18,3)*

Erkenntnis, Bewusstsein, Erleuchtung zu erlangen, ist nicht immer nur ein Segen. Es bringt hohe Verantwortung mit sich.

Auf den Gipfel geführt zu werden ist alleine schon eine große Aufgabe.

Eine Aufgabe, die uns zuweilen alles abverlangt.

Um den Gipfel zu erreichen, bedarf es ungebrochener Willensstärke, Konsequenz und Durchhaltevermögen.

Die Wege zum Gipfel sind mühsam und fordern ihren Preis.

Oft muss auf sehr viel verzichtet werden.

Dinge, müssen auf der Reise dorthin zurückgelassen werden, um genügend Kraft für den Aufstieg zu haben. Das bedeutet Verzicht.

Manch ein Gipfel ist ewig weit entfernt und jeder Schritt ist mühsam und vom Risiko des Absturzes begleitet. Wir rutschen aus, wir fallen hin, wir tun uns weh, wir stehen wieder auf, wir gehen weiter und wir kämpfen uns durch all die Gefahren.

Und dann liegt er vor uns. Die Nacht weicht dem Tag und im ersten hellen Schimmern stehen wir auf der Spitze all unserer Bemühungen und haben den Gipfel erklommen.

Wer bereits einmal auf einem sehr hohen Gipfel gestanden hat, weiß, dass man dort nicht lange verweilen kann. Oft sind es nur Augenblicke, die uns geschenkt werden.

Ein einziger Augenblick auf dem Gipfel. Nur ein einziger Blick über all das, was wir hinter uns gelassen haben. Ein Blick voll Bewusstheit, ein Blick voller Erkennen – Erleuchtung.

Immer sind das nur kurze, aber unglaublich intensive Momente.

Auch in der Meditation ist es nicht anders. Auch dort

besteht die eigentliche Erleuchtung nur in einem winzigen Augenblick – nicht haltbar.

Vielleicht fragen wir uns, warum wir all diese unendliche Mühe auf uns genommen haben, warum wir die Dunkelheit durchschritten haben, nur für diesen einen Moment des Erlebens.

Wir haben dies getan, um nach diesem Moment, den ganzen langen Weg wieder zurückzuwandern. Und das einzig und allein, um anderen darüber Erkenntnis zu bringen, um anderen zum gleichen Erleben zu verhelfen, um anderen bewusst zu machen, was Leben wirklich heißt und wo Gott zu finden ist.

Manchmal ist ein ganzes Menschenleben zu nichts weiter da, als diesen langen Weg auf sich zu nehmen, um irgendwann auf diesem Gipfel zu stehen, um zu erkennen und sich dann umzudrehen und wieder nach Hause zu gehen.

Es ist dabei nicht wichtig, wie lange ein Einzelner braucht, um auf dem Gipfel anzukommen. Es ist auch nicht wesentlich, welchen Weg er dorthin benutzt. Wichtig ist allein, was er am Ende mit nach Hause bringt (*„An den Früchten werdet ihr erkennen"* – *Matthäus 7,16*). Wichtig ist, dass er bereit ist, seine Erfahrungen weiterzugeben und mit anderen zu teilen.

Ein Mensch, der zwar den Gipfel erreicht, aber die Erleuchtung für sich behalten möchte, wird nicht viel davon haben. Er wird dieser Erleuchtung verfallen, wie Gollum einst dem Ring in „Herr der Ringe" verfiel.

Und nicht zu vergessen ist dabei auch das Gesetz der Entsprechung. Wer hoch hinauf steigt, muss auch wieder tief hinunter. Das Licht gibt es nicht ohne den Schatten. Und die Tiefe, durch die wir wandern mussten, ist nur der Gradmesser für die Höhe des zu erreichenden Gipfels.

Aurobindo drückte das einmal sehr schön in folgendem Zitat aus: *„Auf jedem Gipfel, den wir erklommen haben, müssen wir umkehren, um SEINE Kraft und SEIN Licht in die niederen und sterblichen Gefilde zu tragen."*

Ja, so ist. Wenn versäumt wird, das Licht in die Dunkelheit zu tragen, so hat Erleuchtung ihren Sinn verfehlt.

Wenn wir auf den Grund unseres Innersten getaucht sind, werden wir nach und nach verstehen, dass wir in der Tat niemals wirklich von etwas Äußerem berührt werden können.

Tatsächlich gibt es dort nichts, was uns traurig machen könnte, auch nichts, das uns euphorisch macht und nichts, was uns aufregt oder zermürbt.

Dort SIND wir einfach.

Es gibt keine andere Erklärung ... und obwohl sie die einfachste ist, ist sie gleichzeitig die am schwersten verständliche.

Was wir hier empfinden sind nur Empfindungen unseres materiellen Daseins.

Sie sind gebunden an den irdischen Körper und seine ganzen ablaufenden Prozesse.

Begeben wir uns aber auf die Reise nach Innen und entdecken dort unser wahres Selbst, stellen wir mit Erstaunen fest, dass dies für immer gleich bleibt.

Es ist immer freundlich, hell, friedlich, heil und voller unendlicher Liebe.

Es ist die Quelle.

Wenn wir soweit sind, dass wir das Ich und Selbst getrennt voneinander wahrnehmen können, haben wir den Schlüssel zum Sein gefunden.

Während das Ich auf alles reagiert, was in der Welt geschieht, bleibt das Selbst dabei stets völlig gelassen und unbeeindruckt.

Es ist Seele.

Es ist der göttliche Anteil in uns.

Nichts kann es beunruhigen.

Nichts kann es aufwühlen.

Nichts kann es ermüden.

Nichts kann es aufpeitschen.

Nichts kann es altern lassen.

Nichts kann es zerstören.

Es ist immer das gleiche.

Im Anfang und im Ende.

Unser Körper vergeht ... er ist Materie und der Dualität auf Erden ausgeliefert.

Er ist nur ein Stoff, der sich wandelt.

Unsere Seele aber wird niemals vergehen ... sie ist ALLES ... und sie wird auch nach dem Tod noch bleiben, was sie immer war.

Wenn ich mein Ich und mein Selbst trenne und meine Seele betrachte, erfüllt mich sofort unendlicher Friede ... Liebe und das absolute Wissen, dass – egal, was immer in dieser Welt geschieht – ich dort, immer unversehrt bleiben werde.

Der Schmerz, den ein Körper empfinden kann, ist nur von dieser Welt.

Wenn wir die Wahrnehmung aus dem Körper abziehen ... und auf unser Selbst richten ... ist dort kein Schmerz mehr.

In der Quelle ... im Sein ... ist das, was WIRKLICH ist.

Die Suche nach Gott hat schon viele Menschen in die Welt hinaus geführt. So suchen die einen ihn in Indien, die anderen in Mekka ... manche pilgern den Jakobsweg, andere den heiligen Weg nach Rom ... wieder andere brechen auf nach Israel. Alle diese Menschen suchen das gleiche. Und sie ziehen ihrer Wege und nehmen vieles auf sich, um IHN zu finden.

Auch ich begab mich einst einmal auf den Jakobsweg. Es war mein Wunsch von Deutschland aus nach Santiago de Compostela zu pilgern. Und da es mir leider nicht vergönnt war, über so viel Urlaub zu verfügen, wollte ich meine Pilgerwanderung einfach Etappe für Etappe gehen. Jeden Urlaub ein weiteres Stück ...

Ich begann den Weg damals in Rothenburg o.d. Tauber mit dem Pilgersegen in der Kirche. Das war eine wirklich tolle Sache. Doch je länger ich lief, desto mehr veränderte sich in mir. Es war plötzlich alles anders, war nicht das, was ich suchte. Trotzdem aber fand ich.

Ich erkannte, egal, wohin und wie weit ich auch gehe, ich nehme immer und zu jedem Zeitpunkt alles mit, was in mir ist. Auch diese Suche nach Gott.

An dem Ort, an dem ich beginne, ist in meinem Herzen der Wunsch, Gott zu finden. Und wo ich ende, ist der Wunsch noch immer in mir. Er geht mit mir, wohin auch immer ich mich bewege.

Es war eine der reichsten und intensivsten Zeiten ... diese Tage des Unterwegsseins. Dieses Erkennen, dass alles, was wir brauchen und suchen stets bei uns ist ... das hat mich tief geprägt.

Und auch diese Erkenntnis, wie wenig man doch zum Leben braucht und trotzdem voller Zufriedenheit sein kann.

Ehrlich … ich war nie so glücklich und habe mich nie so frei gefühlt, wie in diesen Tagen nur mit ein paar Wenigkeiten ausgestattet, die in einem Rucksack Platz finden. Dieses eine Erlebnis hat nachhaltig meinen Wunsch geprägt, so minimalistisch leben zu wollen, als möglich.

Auf meiner Suche nach Gott, hielt ich an jeder auf dem Wege liegenden Kirche an und fand die meisten von ihnen „verschlossen".

Nach einigen dieser Erlebnisse war mir klar, dass Gott nicht hinter diesen Kirchenmauern zu finden ist. Wer wäre er, würde er sich von Menschen einsperren lassen? Zuerst hatte ich oft eine Wut auf diese Menschen, die Kirchen abschlossen, Gebäude, die eigentlich jedem zugänglich sein sollten. Hätte Gott so etwas gewollt?

Irgendwann schlug das Ganze dann aber um in sorglose Heiterkeit. Ich lachte und mir taten diese Menschen einfach nur leid. Ich bedauerte diese kleine und enge Welt, die sie für sich gewählt haben.

Glauben sie wirklich daran, dass sie Gott so haltbar machen können? Wegsperren, um ihn von anderen fernzuhalten?

Ich muss auch heute noch darüber lachen.

Ich habe Gott getroffen und dies nicht in Kirchen.

Ich habe ihn getroffen, wenn ich alleine durch stille und kühle Wälder ging und die Vögel sich mir mit ihrem wunderbaren Gesang offenbarten.

Ich habe ihn getroffen, am klaren, kühlen Bach, in welchem ich meinen müden Beinen Erfrischung verschaffen durfte.

Ich habe ihn getroffen, im Schatten einer alten Linde während einer Rast, bei der ich in einen herrlich saftigen Apfel biss und meinen Durst stillte.

Ich habe ihn getroffen bei Gesprächen mit Menschen, die ich unterwegs traf und die mir von sich erzählten.

Ich habe ihn aber auch dort getroffen, wo ich an Hühner- und Putenfarmen vorbeiwandern musste. Dort wo ich mich bald nicht mehr vorbei wagte vor lauter Trauer und Schmerz im Herzen – beim Anblick dieser Tiere.

Dort wo ich den Gestank schon von weitem riechen konnte und den über den Gebäuden schwebenden Tod inhalierte.

Ich habe ihn auch dort getroffen, wo die einzigste Übernachtungsmöglichkeit, die ich für diesen Abend noch finden konnte, ein kleines Zimmer über dem Schlachtbetrieb einer Metzgerei, war. Dort wo ich nicht schlafen konnte und mich bei der ersten Morgendämmerung still und leise aus dem Haus schlich.

Und ich habe ihn dort getroffen, wo mich Leute unterwegs angesprochen haben, weil sie dachten, ich sei eine Obdachlose oder einfach nur verrückt.

Bei all dem, was mir unterwegs begegnete, war er stets präsent.

Gott war immer bei mir. Zu jedem Zeitpunkt.

Ich erkannte, dass ich ihn gar nicht suchen musste. Dass es keinen wirklichen Pilgerweg gibt – außer den, der zum eigenen Herzen führt. Dass es völlig egal ist, welchen Weg ich gehe.

Gott wohnt dort, wo wir ihn IMMER treffen können … in uns!

Wir müssen nicht unzählige Kilometer pilgern, um Gott zu finden. Manchmal reichen ein paar Schritte … ein paar Schritte nur von hier bis zu unserem Herzen.

Machen wir ein Exempel …

Stellen wir uns vor, Gott wäre Wasser.

Nehmt verschiedene Gefäße und stellt sie vor euch auf. Eine Tasse, ein Glas, ein Krug, eine Kanne, einen Eimer, eine Schüssel, eine Vase … was immer euch einfällt.

Dann füllt diese mit Wasser.

Und nun betrachtet das Ganze.

Gott (Wasser) ist nun in jedem dieser Gefäße vorhanden.

Ihr könntet hier so viele Gefäße aufstellen, wie es Menschen gibt. Das Wasser wäre in jedem einzelnen vorhanden. Egal, ob dieses Gefäß jung ist oder alt, ob es hässlich ist oder schön, ob dick, dünn, verkommen, tugendhaft, angeschlagen oder frisch, schmutzig oder rein.

In jedem einzelnen davon hätte das Wasser seinen Platz gefunden. Das Wasser selbst verändert sich dadurch nicht – es sei denn, ein Gefäß wäre innerlich extrem verschmutzt ... dann würde sich das Wasser mit dem Schmutz verbinden. Das Wasser wäscht das Gefäß rein.

Lenkt eure Aufmerksamkeit nun nur noch auf die Gefäße. Seht sie an, als wüsstet ihr nicht, was sich in ihnen befindet.

Was seht ihr jetzt?

Ihr seht nur die Gefäße ... nicht das Wasser.

Im übertragenen Sinne seht ihr also überall um euch herum die Menschen ... nicht aber Gott, der in ihnen zuhause ist.

Gott aber ist in JEDEM Menschen – genauso, wie das Wasser in jedem eurer Gefäße ist. Und genauso wie das Wasser nun die Form einer Tasse, eines Glases, einer Kanne, usw. angenommen hat, hat

Gott die Form von Dir, Deinem Kind, Deinen Eltern, einem Tier, einer Pflanze oder einem Stein angenommen.

Gott nimmt jede Form an. Und da er in ALLEM ist, kann er sowohl Stein sein, als auch zarte Blume. Er kann in der Form eines Baumes erscheinen oder als Mensch – egal, welcher Art.

Für ihn gibt es keine Grenzen. Er passt sich an, wird Form, um alles mit sich auszufüllen.

Und so wie Religionen verschieden sind, sind Menschen verschieden, Tiere, Pflanzen, Mineralien, alles ist verschieden.

Doch Gott macht keinen Unterschied zwischen all diesen Dingen. Er füllt sie aus und tritt so für uns in unendlicher Vielfalt in Erscheinung.

Wir begegnen ihm ständig. Wir müssen ihn nur erkennen.

Schaut euch um und nehmt den Füllstoff der euch begegnenden Dinge wahr, dann werdet auch ihr ihn entdecken.

Während eines Morgenrituals bekam ich einmal folgenden Impuls über den Tod und wurde so demütig an das „Rad der Zeit" erinnert.

Es wurde mir anhand der Nacht und des Winters gezeigt, dass es sich beim Tod um nichts anderes handelt. Der Tod ist wie die Nacht und wie der Winter.

Jeder Tag folgt einem bestimmten Ablauf. Ein Tag ist eine Runde auf dem Rad der Zeit. Ein Tag besteht aus einer klar festgelegten Abfolge von Nacht, Morgen, Tag und Abend.

In der Nacht weilen wir nicht hier – im Jetzt – sondern wir sind abwesend und werden dann am Morgen „wiedergeboren". So sterben wir eigentlich jeden Abend. Jeden Morgen erhalten wir ein neues Leben.

Das gleiche Schema, der gleiche Ablauf, findet sich wieder im Winter.

Jedes Jahr folgt wiederum einem bestimmten Ablauf. Ein Jahr ist wieder eine Runde auf dem Rad der Zeit. Und wieder ist das Jahr die klar festgelegte Abfolge von Winter, Frühling, Sommer und Herbst. Im Winter schläft alles. Die Natur bettet sich zur Ruhe. Alles geht dahin und wird erst im Frühling wieder neu geboren. Es ist nichts anderes als mit der Nacht.

Alles läuft synchron. Alles im Leben folgt diesem Ablauf auf dem großen Rad der Zeit.

Und hier eingebettet findet sich auch der Tod.

Er symbolisiert nichts anderes als die Nacht oder den Winter und auch er folgt klar einer natürlichen Abfolge.

Der Tod ist nichts weiter als ein Schlaf, ganz so wie der Schlaf einer Nacht oder der Schlaf des Winters. Er ist der große Schlaf. Aber auch nach diesem Schlaf folgt ebenso erneutes Erwachen.

Wie wir nach einer Nacht am Morgen aufwachen, aufstehen und unseren Weg gehen, so wacht auch das Geistwesen eines Verstorbenen wieder auf, steht auf und geht weiter seinen Weg.

Wie die Pflanzen nach einem Winter im Frühling wieder aufgehen und sich mit neuer Energie füllen, so auch das Geistwesen eines verstorbenen Menschen.

Wichtig zu erkennen ist: Das, was schläft, sollte in Ruhe schlafen dürfen. Nur so kann es sich wirklich erholen und erneuern. Jede Störung sorgt dafür, dass das schlafende Wesen nicht zur Ruhe kommen kann. Man stelle sich vor, jede Nacht würde ein anderer an einem herumzerren, Fragen stellen oder einen durch sein lautes Weinen und Jammern stören … das morgendliche Erwachen wäre entsetzlich. Man müsste müde und unausgeschlafen, mürrisch und schlecht gelaunt aufstehen und so durch den Tag gehen.

Oder die schlafenden Pflanzen würden im Winter plötzlich wachgerüttelt werden. Man würde graben und bohren, um sie zu sehen oder zu schauen, ob sie noch da sind. Die Pflanzen würden gewaltig in ihrer Entwicklung gestört werden und sich dann im

Frühjahr nicht mehr voller Kraft und gut erholt aufrichten können, um so neues Leben zu präsentieren.

Ja, so ist es vielleicht auch mit unseren Verstorbenen. Sie kommen vielleicht nicht zur Ruhe, wenn sie ständig verfolgt werden mit unserer Trauer, unseren Vorwürfen, mit unserem Klammern.

Sie können nicht frei werden, um sich vorzubereiten auf ihre neue Aufgabe.

Wir Menschen haben Angst vor dem Tod. Wir haben Angst, weil wir nicht wissen, was danach kommt. Doch Gott bereitet uns auf alles vor, auch auf den Tod. Wir denken, wenn wir sterben, wachen wir an einem fremden Ort auf, an dem wir nichts kennen und an welchem uns nichts vertraut ist. Begeben wir uns am Abend ins Bett, wissen wir zumindest, wo wir wieder wach werden. Das Vertrauen in den uns bekannten Raum gibt uns ein Stück Sicherheit.

Genauso ist es mit dem Winter. Wir wissen zumindest, dass nach dem Winter die Tage wieder heller werden und kennen die Umgebung und die Landschaft, in der dies vonstatten gehen wird. Was wir aber ebenso wenig wissen, ist, was der neue Tag uns bringt oder was ein neues Frühjahr uns bringt.

Wir alle wissen, wie schnell sich das Leben ändern kann. Von jetzt auf nachher kann plötzlich alles anders sein. Wir finden uns dann in einer neuen Situation, mit der wir zurechtkommen müssen. Genauso ist es auch beim Sterben. Wir kennen unsere neue Situation noch nicht und müssen uns erst einmal orientieren. Das ist aber auch alles. Und wenn wir glauben, dass uns dort alles fremd sein wird, so denke ich, werden wir uns täuschen. Wir gehen ja nicht in die Fremde, sondern nach Hause. Wir gehen dorthin, woher wir gekommen sind. Wie sollte uns das also fremd sein? Und immer werden dort auch bereits Menschen sein, die vor uns von dieser Welt gegangen sind. Es ist nicht so, dass wir dort einsam und verlassen sind. Wir haben Freunde ... überall. Hier und dort. Keiner ist allein.

Die Frage, ob du mit Gott Eins sein möchtest, stellt sich nicht, denn du BIST es. Du kannst gar nicht von Gott getrennt sein. ABER … du kannst dich von Gott getrennt FÜHLEN …

Von Gott getrennt zu sein, würde bedeuten, überhaupt nicht zu sein – gar nicht zu existieren, denn alles in dir wird wunderbar gelenkt und geleitet von einer Macht, die größer ist. Ohne diese Leitung wüsste dein Herz gar nicht, wie oft es schlagen muss, um all die weiteren Vorgänge in deinem Körper harmonisch zu steuern. Das Herz eines Vogels oder das eines Hasen - zum Vergleich - muss viel schneller schlagen, um die gleichen Abläufe perfekt zu erfüllen.

Alles, was in dir vorzufinden ist, ist absolut notwendig und zwar genau da, wo es sich befindet und genau so, wie es wirkt. Alles ist perfekt geschaffen … nichts ist zu viel und nichts fehlt. Und das ist bei allem so, was lebt. Ob es sich dabei um einen Baum handelt, einen Grashalm, einen Vogel oder eine Kuh, einen Menschen oder Affen - es spielt keine Rolle. Alles ist in jedem Lebewesen vorhanden.

Das alles ist nur möglich, weil der Schöpfer selbst Teil von all dem ist und somit jeden Augenblick des Seins bei allem – in allem – ist. Gott ist kein alter, weiser Mann mit Rauschebart, der auf einer Wolke sitzt und sich über das, was er da erschaffen hat, nachdenkt.

Nein, er hatte einen Plan und er hatte Gründe, warum er alles genau so gestaltet hat, wie es ist.

Auch wenn wir vieles noch nicht zur Vollständigkeit verstehen, so hat doch alles seine absolute Berechtigung.

Was in uns vorhanden ist, sollte geachtet, geschützt und mit Sorgfalt behandelt werden. Wir sind perfekt, so wie wir sind und dürfen nichts davon zerstören.

Tun wir dies doch - egal, in welcher Form - bauen wir eine Mauer zwischen Gott und uns selbst auf.

Und egal, was in dieser Welt passiert, in deinem tiefsten Inneren wirst du niemals alleine sein.

Solange wir hier auf Erden leben haben wir ALLE zu jedem Zeitpunkt die Chance und die absolute Gewissheit, neu anfangen zu dürfen.

Wir dürfen zu jedem Zeitpunkt unser Leben ändern

und neu gestalten, denn wir sind immer in der Einheit mit Gott.

Lediglich die Welt trennt uns von ihm. Solange wir nicht begreifen, dass wir nicht die Welt sind und dass die Welt nichts anderes möchte, als uns von Gott fernzuhalten, werden wir immer wieder in die Falle treten, die uns die Welt stellt. Die Falle heißt: verlocken und verführen. Was lügt die Welt uns nicht alles vor? Es gibt nichts Schlimmeres, als das eigene Denken und Fühlen einzustellen und blind der Masse zu folgen.

Nichts dieser verführerischen und verlockenden Zauberwelt bleibt aber … alles Weltliche ist vergänglich, denn Materie vergeht und zerfällt.

Wir aber gehen mit dem Eintritt des Todes weiter.

Deshalb ist es so wichtig, darauf zu achten, was wir dorthin mitnehmen wollen.

Deshalb ist es so wichtig, der Versuchung zu widerstehen und eine eigene, innere Position zu entwickeln.

Deshalb ist es so wichtig, nicht alles zu glauben, was einem die Welt präsentiert, sondern all das eigenständig auf den Wahrheitsgehalt hin zu prüfen.

Der Große Geist ist hier und bietet jedem immer wieder aufs Neue seine unerschöpfliche Liebe an. Nimm sie an und wage bereits hier den Schritt zurück in diese Einheit. Wenn du eines Tages mit einem Herz voller Liebe nach Hause zurückkehren wirst ... wie wundervoll wird dann das neue Dasein für dich werden?

Lass dein Herz nicht in Hass und Boshaftigkeit zurückkehren, denn so erschaffst du dir nur deine eigene Hölle. Nicht eine Hölle, wie die Kirche sie lehrt, sondern eine, die einzig und alleine von dir SELBST erschaffen wurde. Du alleine hast die Wahl, auf dem Pfad der Liebe und des Friedens zu gehen oder auf dem Weg des Leidens. Deines selbst erwählten Leidens.

Diese Tage hatte ich ein beschämendes aber eindrückliches Erlebnis. Ich war – wie jeden Tag – mit meinem Rudel unterwegs. Und wie so oft, sah ich auf dem Weg eine Vogelfeder liegen. Die Vögel schenken mir sehr viele Federn. Fast täglich erhalte ich eine von ihnen. Doch diese ließ ich liegen. Ich ließ sie liegen, weil sie sehr mitgenommen aussah. Sie war schmutzig und die einzelnen Federhärchen standen kreuz und quer auseinander, so als ob jemand auf sie getreten sei. Als ich meinen Weg fortsetzte fand ich noch zwei weitere Federn. Eine stammte von einem Raben, eine weitere von einem Fasan. Wunderschön sahen sie aus. Seidig glänzten sie in der Sonne und weich fühlten sie sich an, während ich sie aufhob und mit ihnen über mein Gesicht strich.

Plötzlich meldete sich eine Stimme in mir und erinnerte mich an die Feder, die ich achtlos liegen gelassen hatte. Sie fragte mich, warum ich so oberflächlich gehandelt hätte und nur das Schöne beachte. Sie fragte mich, ob nicht ich es sei, die andere darauf aufmerksam macht, dass man von allen Dingen beide Seiten beachten soll. Und sie fragte mich, warum ich etwas ablehnte, das seinen Glanz und seine Weichheit verloren hat, nur weil es durch die Stürme des Lebens zerzaust wurde oder weil andere auf ihm herumgetrampelt sind. Ja, die Feder war nicht mehr schön. Das stimmte. Aber war das ihre Schuld? War es ihr Wunsch, so auszusehen? Ist sie deshalb weniger wert? Wollte sie, dass jemand über sie hinweggeht? Wollte sie, dass jemand auf sie tritt und sie verwüstet? Wollte sie, dass sie beschmutzt wird? Nein, das alles wollte diese Feder ganz sicher nicht. Sie hat sich ebenso, wie die anderen beiden unversehrten, als Geschenk dargeboten. Sie wollte sich ebenso schenken, wie es die anderen taten. Doch ich ließ sie liegen und schenkte meine Aufmerksamkeit nur dem Vollkommenen.

Diese Zurechtweisung hat mich zutiefst getroffen – zu Recht.

Wie konnte ich nur so oberflächlich sein?

Ich schämte mich.

Es sind nur kleine Dinge und vielleicht denkt mancher, dass es zu banal sei, sich mit so einem Erlebnis, wie dem dieser Feder, zu befassen. Mein Sohn würde an dieser Stelle wahrscheinlich wieder sagen: „Über was du alles nachdenkst. Du denkst zu viel." Das mag durchaus sein. Aber heißt das, dass es falsch ist? Nein, es ist nur seine persönliche Sicht. Ich aber möchte darüber nachdenken und dadurch weiter wachsen und lernen. Ich lerne durch solche Begebenheiten meine Lektionen fürs Leben. Alles in dieser Welt dient uns als Spiegel und zeigt uns, wie wir mit uns selbst und anderen umgehen. Er zeigt uns, wie wir uns und andere betrachten, bewerten und welchen Stellenwert wir den Dingen geben.

Wenn ich das nächste Mal an einem Menschen vorübergehe, der zerrupft und mitgenommen aussieht, so werde ich mich vielleicht an diese Feder erinnern und daran, wie schnell man oberflächlich werden kann. Das was glänzt, ist in seinem Kern nicht anders, als das, was stumpf und hässlich geworden ist. Gibt man sich die Mühe und sucht diesen Kern, wird man erkennen, dass alles den gleichen Ursprung hat. So wie die hässliche Feder aus der gleichen göttlichen Quelle stammt wie die schönen Federn, so stammt auch jeder in Mitleidenschaft gezogene Mensch aus der gleichen göttlichen Quelle wie einer, dessen Äußeres perfekt erscheint.

Diese Lektion hat mir mal wieder sehr bewusst gemacht, mit welchen Vorurteilen wir doch oft durch die Welt gehen und wie schnell wir etwas oder jemanden in eine Schublade stecken. Natürlich betrachte ich etwas Schönes lieber als etwas Hässliches – keine Frage. Doch der eigentliche Wert hat nichts mit der Erscheinung zu tun. Für den Schöpfer gibt es da keinen Unterschied. Er hat beide in Liebe und Schönheit geschaffen. Und nach ihrer Zeit auf dieser Erde werden beide auch wieder gleich werden.

Am nächsten Tag ging ich mit den Jungs wieder diesen Weg. Die Feder lag noch immer da – ein klein wenig zerzauster noch. Liebevoll nahm ich sie auf, glättete die einzelnen Federteilchen, wischte den Schmutz von ihr und streichelte sie so lange, bis sie wieder „in Form" war. Nun steckt sie neben all den anderen Federn hier bei mir.

Wer erkennt, wohin die Reise geht, erkennt gleichzeitig, woher er gekommen ist.

Ein Mensch, der daran glaubt, dass mit dem Tod

alles aus ist, welchen Sinn hat er wohl in seinem Leben gefunden?

Wenn nach dem Tod nichts mehr kommen würde, wozu lebten wir dann? Welchen Zweck hätte unser Dasein dann?

Wäre davon auszugehen, dass nach dem Tod nichts mehr ist, warum halten wir uns dann an Moral und Gesetze?

Warum leben wir dann nicht einfach in Saus und Braus, machen Schulden, schmeißen unsere oft verhassten Jobs hin und ziehen in die schöne Welt? Warum nehmen wir uns dann nicht einfach, was wir wollen? Warum fühlen selbst Verbrecher ganz tief in sich meistens noch einen Anflug von Gewissen? Woher kommt das?

Wir können uns nicht selbst Gewissen geben. Wie sollte das funktionieren?

Lasst es uns doch verstehen!

Es wird uns gegeben.

Wir können uns dagegen wehren, wir können dagegen aufbegehren, aber wir können es nicht auslöschen.

Versucht es! Es funktioniert nicht.

Es ist der Anfang. Dort wurde es uns mit auf den Weg gegeben.

Und es ist das Ende. Dort wird es nochmal aufleben und uns erkennen lassen.

Wir werden dann begreifen, was wir getan haben.

Und wir werden dann bereuen, wenn wir nicht JETZT verstehen, dass Anfang und Ende Eins sind.

Unsere Heimat ist nicht hier. Hier … das ist nur eine Station auf einer langen Reise. Wir sind hier, um zu lernen, um zu wachsen, um zu reifen. Manche von uns freiwillig um zu dienen. Danach aber, gehen wir zurück nach Hause. Dorthin, von wo wir gekommen sind.

Ihr könnt nicht geboren werden ohne zu sterben. Und ihr könnt auch nicht sterben ohne neu geboren.

Als ich noch klein war und im Kindereifer etwas von mir verteidigte und behauptete: „Das gehört aber mir" … bekam ich sehr oft zu hören: „Mach mal deine Augen zu. Dann weißt du, was dir gehört."

Damals, als Kind, verletzte mich das zutiefst und ich fühlte mich gedemütigt und erniedrigt.

Heute aber, muss ich über diese Worte schmunzeln, denn meine Eltern wussten gar nicht, wie nahe sie mit ihrer Zurechtweisung an der Wahrheit waren.

Im Grunde genommen, ist es völlig egal, ob ich dazu die Augen schließe oder sie offen halte.

Es ist immer der Moment, der mir gehört. Und sonst nichts. Ob dieser dunkel oder hell ist, ist völlig nebensächlich. Dieser eine Augenblick, in dem ich mich bewusst, mir zuwende, gehört mir und sonst nichts. Da haben die Erzieher ganz Recht – auch wenn sie es damals ganz anders meinten.

Nichts kann gelebt werden, als dieser eine Moment.

Und nichts ist so schnell vorbei, wie dieser.

Es gibt keinen Besitz, auch wenn wir uns das nur allzu gerne vormachen.

Was wollen wir besitzen?

Da denken Nationen, sie besäßen Land.

Da denken Religionen, sie besäßen Gott.

Da denken Politiker, sie besäßen Macht.

Doch sie sind alle so blind.

Was können sie besitzen?

Da kämpfen Millionen Menschen darum, etwas in Besitz nehmen zu können und verlieren dabei das Wichtigste, was sie besitzen könnten – gelebtes Leben.

Menschen wird Land weggenommen und dreist behauptet, es gehöre einem anderen. Doch Land kann niemals irgend jemandem gehören.

Von allem Anfang an, war es vorhanden. Es war eine Schöpfung Gottes und kann somit niemand anderem gehören. Wenn jemand ein Bild malt, wem gehört es dann? Wenn jemand einen Tisch zimmert, wem gehört er dann? Das Entstandene gehört doch immer dem, der es geschaffen hat. Wem also gehört das Land auf unserer Erde? Wem das Wasser? Wem die Luft?

Land wurde den Menschen anvertraut, damit es genutzt werden kann.

Land sollte den Menschen dienen, sinnvoll auf ihm zu leben, es zu bewirtschaften und zu pflegen und so das Leben aller zu sichern.

Was der Mensch daraus gemacht hat, erfüllt mich mit Entsetzen.

Um etwas besitzen zu können, wird gehasst, gelogen, geschlagen, gemordet und geraubt.

Gier und Hass reagieren stets dort, wo es um Macht und Besitz geht.

Wenn aber Gevatter Tod an die Tür klopft, erkennen sie zu spät, dass das einzigste, was ihnen jemals gehört hat, der Moment war. Der Moment, in welchem sie hätten leben und lieben können und den sie geopfert haben für ihre grenzenlose Gier.

Doch die Menschheit hat sich entschieden.

Sie hat sich verkauft. Sie hat sich prostituiert. Für nichts.

Denn genau das wird ihnen bleiben … am Ende ihrer Erdenreise … NICHTS!

Das Leben aber ist verspielt.

Ein arabisches Sprichwort bringt es auf den Punkt. Dort heißt es: *„Dein ist nichts als die Stunde, in der du lebst".*

Habt ihr schon einmal MitLEID empfangen?

Wie habt ihr euch dabei gefühlt?

Wie hat es sich angefühlt, bedauert zu werden?

Habt ihr euch vielleicht dabei als Versager gefühlt?

Und ... habt ihr schon einmal MitGEFÜHL empfangen?

Wie war hier das Gefühl, welches ihr empfunden habt?

Wie war es, zu spüren, dass jemand versteht, was in euch vorgeht?

Habt ihr euch dabei vielleicht geborgen gefühlt?

Geliebt? Verstanden?

Wie unterschiedlich sich doch beides anfühlt!

Und doch werden Mitleid und Mitgefühl oft als dasselbe angesehen.

Wie wir nun spüren, ist es das aber nicht. Es ist ein großer Unterschied.

MitLEID ist der Versuch eines Menschen, mit einem anderen mit-zu-leiden. Das heißt, er bedauert den anderen und sieht sein Schicksal als etwas Schreckliches an. Er empfindet (obwohl er gar nicht selbst betroffen ist) Entsetzen und Hilflosigkeit. So leidet er mit dem Mitmenschen mit und gibt so diesem zu verstehen, wie furchtbar sein Schicksal ist. Er nimmt das Leid eines anderen auf sich und gibt sich ein Stück weit für diesen selbst auf.

Ganz anders hingegen ist Mit-GEFÜHL. Mitgefühl empfinden Menschen, die genau wissen, dass ein Schicksalsschlag nichts anderes ist, als eine Lektion des Lebens, die wir durchschreiten müssen, um uns weiterzuentwickeln. Sie empfinden die Schwere dieser Aufgabe und fühlen, was sie bedeutet. Sie werten diese aber nicht und fühlen sich auch nicht hilflos, sondern sind einfach für den anderen da … still und leise. Sie tragen den Schmerz mit, ohne sich mit ihm zu identifizieren.

Voraussetzung, um Mitgefühl empfinden zu können, ist ein tiefes Selbstbewusstsein. Nur ein Mensch, der sich seiner selbst bewusst ist und sich dadurch selbst spüren kann, kann auch einem anderen in jeder Lage und Situation seine Gefühle zugestehen und ihn mit all diesen annehmen. Auch im Leid.

Leiden ist ein Gefühl, das vorüber geht. Beim einen früher – beim anderen später.

Es ist dazu da, uns bewusster zu machen.

Ist dieses Ziel erreicht, weicht das Leid und geht. Es hat seine Aufgabe erfüllt.

Wer dies erkennt, wird einen Leidenden nicht länger bedauern, sondern mit ihm empfinden, was er gerade an Aufgaben zu bewältigen hat. So kann er ihn begleiten, ihn ernst nehmen und mit ihm zusammen nach vorne blicken. Er kann für den anderen da sein, ohne sich in dieser Aufgabe selbst zu verlieren.

Ein Mensch, der MitLEID von außen erfährt, schämt sich häufig für das, was ihm gerade widerfahren ist. Er verschließt sich und versucht seinen Schmerz zu verbergen, damit er nicht noch mehr Mitleid erfährt. Er empfindet sich als Belastung und kann das sich in den Gesichtern spiegelnde Entsetzen der Mitleidenden nicht ertragen.

Ein Mensch, der Mitgefühl erfährt, empfindet tiefe Dankbarkeit für diese stille Anteilnahme an seinem Schicksal. Er öffnet sein Herz und zeigt seinen Kummer, weil er weiß, dass der andere ihm nicht helfen kann, aber trotzdem für ihn da ist.Spürt diesen Unterschied

„Anpassungsfähig" ... dieses Wort weckt alte Erinnerungen in mir.

Als Kind wurde mir ständig vorgeworfen, dass ich mich nicht anpassen könne und dass ich ständig aus der Reihe tanzen würde.

Es stimmt, ich wollte niemals anpassungsfähig sein. Ich war schon immer ein Rebell, ein Freigeist und ein Systembrecher. Wie sollte ich da anpassungsfähig sein?

Und trotzdem bin ich es geworden. Ich bin heute anpassungsfähig.

Gleichzeitig hat sich nichts daran geändert, dass ich ein Rebell bin, ein Freigeist und ein Systembrecher.

Wie passt das zusammen?

Nun, ich begriff einfach erst viel später, dass dieses Wort einfach nur falsch benutzt wurde. Man gab ihm schlicht und einfach eine falsche Bedeutung. Nicht „ich" war falsch, sondern die Bedeutung dieses Wortes war es.

Tatsächlich wollte ich mich nie anpassen. Ich wollte mich nicht anpassen an Vorstellungen und Ideen, die andere hatten. Es waren ihre und nicht meine.

Ich bin eine eigene Persönlichkeit mit eigenen Ideen und Wertmaßstäben.

Immer schon habe ich Systeme hinterfragt, Aussagen zerlegt und die Menschen zur Verzweiflung getrieben, weil ich alles aufgedeckt und umgedreht habe. Dabei wollte ich nur den Sinn hinter allem verstehen.

Nein, ich habe mich tatsächlich nie an das System angepasst. Das stimmt.

Gehen wir zurück zu dem Wort „anpassungsfähig".

Anpassungs-FÄHIG

In der nüchternen Betrachtung sagt es etwas völlig

anderes aus. Nämlich, fähig zu sein, sich an die jeweils vorliegenden Umstände anzupassen. Das ist etwas völlig anderes, als sich an etwas anpassen zu müssen, von dem man gar nicht überzeugt ist und das nicht dem entspricht, was man im Herzen trägt.

Heute kann ich guten Gewissens sagen, dass ich sehr wohl anpassungsFÄHIG bin.

Wäre ich das nicht, wäre ich heute nicht mehr hier.

Wäre ich in all den leidvollen Jahren nicht fähig gewesen, mich an die Situationen meines Lebens anzupassen, mich immer wieder auf neue Situationen und Vorkommnisse einzustellen und mich neu zu erfinden, hätte ich diese Zeiten nicht überstanden. Ich bin also sehr wohl anpassungsfähig.

Ich glaube, dass gerade dieses Wort sehr häufig missverstanden und missverwendet wird.

Ich glaube, dass es sehr oft dazu benutzt wird, andere zu manipulieren und zu unterdrücken, indem versucht wird, anderen sein eigenes Denken aufzuerlegen.

Anpassungsfähig zu sein, heißt nichts weiter, als alles, was das Leben uns schickt anzuschauen, einzuordnen und in das eigene Leben zu integrieren. Anpassungsfähig zu sein heißt, mit den eigenen Lebenssituationen umgehen zu können. Sie so anzunehmen, wie sie sind und das Beste aus ihnen zu machen.

Anpassungsfähig heißt nichts anderes als wandlungsfähig zu sein. Das hat nichts damit zu tun, mit der Masse zu rennen. Und es hat auch nichts damit zu tun, zu einer Marionette zu werden. Auch bedeutet es nicht, wie das Fähnchen im Winde zu wehen.

Anpassungsfähigkeit ist eine wunderbare und sehr wertvolle Eigenschaft.

Ja, zuweilen eine überlebenswichtige. Man muss sie nur richtig verstehen.

Übrigens ... wenn ihr mal wieder alles anders macht, als andere es von euch erwarten ... so denkt daran, dass ihr dann einfach nur das Hamsterrad verlassen habt, in dem ihr euch pausenlos dreht. Freut Euch darüber, dass ihr nun endlich Boden unter die Füße bekommt und erinnert euch daran, wozu Gott euch diese geschenkt hat. Nämlich um zu gehen, um zu springen und um zu tanzen ... aus der Reihe zu tanzen!

Und bei all meinen Erklärungsversuchen, reicht es wieder einmal aus, einfach einen Blick in die Natur zu werfen. Das Chamäleon z.B. zeigt uns hier die wahre Bedeutung von Anpassungsfähigkeit. Die meisten Menschen glauben, dass der Farbwechsel dieses Tieres der Tarnung dient. Dem ist aber gar nicht so. Tatsächlich gilt die verschiedene Färbung der Kommunikation mit Artgenossen und der Lichtaufnahme. Ist es sehr heiß, nehmen die Tiere eine hellere Farbe an, um das Sonnenlicht zu reflektieren. Ist es kühler, verwandeln sie sich in dunklere Töne, um mehr Licht aufnehmen zu können. Ist das nicht eine wundervolle Einrichtung der Schöpfung? Im ersten Moment könnte man denken, dieses Tier möchte nicht entdeckt werden. Dabei ist alles ganz anders Es wird anpassungsfähig, um mit anderen kommunizieren und um einfacher und besser leben zu können.

Können wir selbst aus uns heraus lieben?

Wir können es nicht.

Versucht es! Ihr werdet feststellen, dass es nicht funktioniert.

Lieben können wir nur dann, wenn wir einen Bezug zu etwas oder jemanden haben, der oder das dieses Gefühl in uns auslöst.

Wir können keine Liebe erzwingen.

Wir können uns aber als Kanal bereitstellen. Wir können uns für die Liebe öffnen und versuchen, die Leitungen dafür freizumachen.

Keiner kann aus sich selbst leben oder lieben. Wir können uns immer nur als Gefäß zur Verfügung stellen, das gefüllt werden kann.

Wenn wir Gott unser Dasein anbieten, wird er in uns wirksam werden und was auf den ersten Blick als unterwürfig erscheinen mag, ist gelebte Demut.

Demut ist nichts Negatives – auch wenn viele dies so interpretieren.

Demut heißt nicht, dass wir uns zu Opfern machen, sondern dass wir uns vor etwas Größerem beugen, es annehmen und ihm Raum geben.

Keiner von uns kann sagen: „Ich liebe ab sofort alle Menschen – Freund und Feind."

Wir würden alle zusammen kläglich versagen. Manche mögen zwar diesen Eindruck nach Außen vermitteln, doch im Innern kennen sie die Lüge, auch wenn sie diese versuchen zu verstecken. Selbst wenn wir es noch so wollen und dieses große Ziel anstreben – unser persönlicher Wille reicht dazu nicht aus.

Wir können aber die Bereitschaft dafür in unserem Herzen schaffen.

In meinem Leben gab es viel zu verzeihen und zu vergeben. Ich stand da und fragte mich, wie das denn gehen sollte. Ich selbst konnte es nicht. Wie sollte ich all das verzeihen, was mir angetan wurde? Eine Therapeutin sagte einmal zu mir, dass es nicht unbedingt erforderlich sei, alles zu verzeihen, aber dass es gut für MICH wäre, wenn ich es irgendwann könnte. Sie empfahl mir damals, meine höhere Macht darum zu bitten, dass sie mir einen Weg zeigt. Nicht um des Täters Willen, sondern um mich zu befreien.

Sie hatte so recht.

Als ich es dem Großen Geist übergab und ihm sagte: „Hier … bitte mach du das … ich kann das nicht" … konnte ich zusehen, wie sich nach und nach vieles auflöste und mein Leben heller und lichter wurde.

So viel ist über Liebe geschrieben worden.

Und doch lag das Augenmerk meist nur auf der „zwischenmenschlichen" Liebe … auf der irdischen.

Sie alleine reicht aber nicht aus, um eine bessere Welt zu gestalten.

Wer die Liebe begrenzt auf Partnerschaft und Familie, lebt in den alten Banden des Egoismus weiter. Liebe geht weiter und ist viel größer und umfassender. Wer erst einmal diese große und göttliche Liebe gekostet hat, wird mehr lieben als nur den Partner, Kinder oder Eltern. Er wird die Welt lieben und den tiefsten Wunsch entwickeln, Frieden zu leben.

Und … er wird anfangen Mitgefühl mit allem Leben zu entwickeln.

Gott wartet darauf, uns durchströmen zu dürfen.

Aber ohne unsere Erlaubnis wird er es nicht tun.

Wenn wir es ihm erlauben, wird er uns aber seine Fülle zur Verfügung stellen und wir können immer und jederzeit zu der einzigen Quelle kommen, die niemals versiegt.

„Geh und lebe so, wie Du willst, dass die 5. Generation nach Dir leben soll."

Diesen Satz habe ich einst irgendwo gehört. Ich weiß nicht mehr, wo es war. Aber der Satz ist mir in Erinnerung geblieben, weil er so eindrücklich war.

Wandel beginnt immer im eigenen, kleinen Reich. Veränderungen in der Welt wurden meist von einem kleinen Haufen „Ver-rückter" bewegt. Verrückte, die etwas „ver-rücken". Verrückte, die gewagt haben, Dinge auf den Kopf zu stellen. Manche, die sich für Veränderungen eingesetzt haben, haben viel riskiert. Manche haben dabei auch ihr Leben verloren. Ein unbequemer Weg.

Am dunklen Geschehen in der Welt war meist die „Masse" beteiligt. Sie musste nicht viel dazu beitragen. Sie musste einfach nur mitlaufen. Die Verantwortung konnte am Eingang abgegeben werden. Ein bequemer Weg.

Die Vorstellung, dass nach mir noch mehr Leute kommen, die diesen Planeten bevölkern und ihn bewohnen wollen, muss mich darüber nachdenken lassen, was ich dazu beitragen kann, dass er für sie noch bewohnbar und ihnen eine gute und liebevolle Heimat ist.

Ich denke bei solchen Gedankengängen oft darüber nach, wie es wäre, jetzt zu sterben. Somit kann ich ganz schnell erkennen, wo ich in meiner Entwicklung stehe und ob ich bereits so lebe, dass ich guten Gewissens gehen könnte. Dabei stelle ich meistens fest, dass ich zwar schon recht zufrieden mit mir bin, aber dass es dennoch immer noch viel zu tun gibt.

Vieles möchte ich so noch nicht hinterlassen.

Wandel beginnt immer im eigenen, kleinen Reich.

Auch in meinem kleinen Reich entdecke ich immer wieder etwas, dass noch des Wandels und der

Veränderung bedarf. Immer wieder stellt sich mir etwas in den Weg, das noch auf Erlösung wartet. Und wenn ich mir Frieden für die nächsten 5 Generationen wünsche, dann muss ICH diesen Frieden hier und heute auch erschaffen - in mir und in meinem Umfeld, so dass ich Spuren des Friedens und der Liebe hinterlasse. So, dass auch die 5. Generation nach mir noch gute Lebensbedingungen vorfinden kann.

Die hohe Anzahl an Menschen, die mir sagen: „Mensch, hör doch auf, dich so aufzuopfern. Fang mal an zu leben. Wir können die Welt nicht verändern", erschreckt mich sehr. So viele Menschen, die nicht daran glauben, etwas zur Veränderung beitragen zu können.

Wenn ich diesen Worten nachspüre, fange ich an zu frieren.

Wir können die Welt nicht verändern. Ja, wer dann, wenn nicht wir?

Und … aufopfern … ?

Für mich ist das kein Opfer. Für mich bedeutet der geringste Sieg Gewinn.

Nicht für mich, sondern für diese Erde.

Fang mal an zu leben … !

Ja, wie denn - in dieser verrohten Welt, in der alles auf Zerstörung ausgerichtet ist.

Wo fängt denn „Leben" an?

Wenn die Natur tot ist, gibt es kein Leben mehr.

Dann ist fertig.

Aus mit Leben!

Nein, ich gehe meinen Weg. Auch wenn der Preis hoch ist.

Es ist ein einsamer Weg.

Es ist ein beschwerlicher Weg.

Es ist ein steiniger Weg.

Aber es lohnt sich, ihn zu gehen.

Mein Lohn ist wirkliches und wahrhaftiges Glück und tiefgreifende Freude.

Mein Lohn ist innerer Friede.

Mein Lohn ist ein warmes und gutes Gefühl.

Wenn ich auch nur ein einziges Tier dadurch rette, dass ich es nicht verspeise, dann hat es sich schon gelohnt. Dieses Wesen wird an meiner Seite sein und ein Blick in seine Augen wird meine glänzen und leuchten lassen.

Und wenn ich auch nur einem einzigen Menschen auf dieser Welt Zuversicht geben kann, dann hat es sich gelohnt. Zu sehen, wie er wieder einen Sinn im Leben sieht, mitzuerleben, wie er neue Hoffnung schöpft ... welche Freude!

Wenn ich auch nur eine einzige Tat verzeihen kann, die man mir angetan hat, dann hat es sich gelohnt. Mein Gewinn ist meine Freiheit.

Und wenn ich auch nur einen einzigen Menschen dazu bewegt habe, mitzuwirken und mit Veränderung bei sich selbst zu beginnen, dann hat es sich gelohnt, denn nicht nur ich, sondern das ganze Universum tanzt vor Freude.

Veränderung fängt immer bei uns selbst an.

Verändern wir uns – verändern wir automatisch auch die Welt.

So ... oder so.

Ein Gebet aus den vergangenen Tagen, das ich auf meiner Morgenrunde dem Wind übergab, lautete wie folgt:

Gott   großer Geist   bitte lehre mich das richtige Maß aller Dinge:

Lass meine Augen sehen, was wahrgenommen werden muss,

und verschließe sie dort, wo es besser ist, nichts zu sehen.

Lass meine Ohren hören, was für sie bestimmt ist,

und verschließe sie dort, wo sie ungewollt Zeuge geworden sind.

Öffne meine Lippen und lass mich reden, wenn es angebracht ist, zu sprechen.

Lass aber meinen Mund verschlossen, wo es sinnvoll ist zu schweigen.

Gott – großer Geist – setze meine Hände ein, um anzupacken und zu helfen.

Doch lass sie ruhig in meinem Schoß liegen, wenn es ratsam ist, nicht einzugreifen.

Setze meine Füße in Bewegung und lass mich dorthin gehen, wo ich gebraucht werde.

Lass mich aber ruhig sitzen, wenn die Zeit noch nicht reif dazu ist.

Gott – großer Geist – bitte lass einen Wächter mich begleiten, der mich dabei unterstützt, stets das richtige Maß meines Handelns zu erkennen.

Versuche einmal, die Lebenskraft in dir zu sammeln.

Wenn wir versuchen würden, Lebenskraft einzufangen und aufzubewahren, was würde geschehen? Nehmen wir einmal an, es gäbe eine Möglichkeit dazu. Die Explosion, mit der sich die angehäufte Lebenskraft eines Tages entladen würde, wäre gigantisch. Was zuvor dem Leben diente, würde so zu einer riesigen Zerstörungskraft.

Lebenskraft ist Energie. Und ... Energie muss fließen. Auch alles andere ist Energie. Geld und Besitz sind Energie. Unsere Gedanken sind Energie, Talent und Gefühle sind Energie.

Deshalb gilt für alle das gleiche. Wird zu viel davon angesammelt, muss irgendwann eine „Ent-Ladung" erfolgen.

Wer Geld und materiellen Reichtum immer nur anhäuft, wird irgendwann daran ersticken. Wer Gedanken in sich aufbewahren möchte, wird irgendwann nicht mehr klar denken können. Wer Talente und Gefühle stets zurückhält wird starr werden, weil es sich in ihm staut.

Immer wenn Energie in irgendeiner Form festzuhalten versucht wird, wird sie gebremst. Die Folgen davon sind Blockaden. Das können wir im Inneren ebenso wie im Äußeren erleben.

Ein typisches Beispiel hierfür ist die Absperrung eines Bachlaufs oder Flusses. Versuchen wir das Wasser eines Baches oder Flusses mittels einer Absperrung zu stauen, werden wir schnell feststellen, dass das Wasser sich zwar ansammelt, jedoch über die Ufer tritt, wenn der zur Verfügung stehende Raum voll ist und keine Ausdehnung mehr stattfinden kann. Die Wasserkraft sucht sich dann einen Weg, um sich ausbreiten zu können. D.h. sie ist immer bestrebt, sich selbst „im Fluss" zu halten.

Im Inneren ist das genauso.

Halten wir z.B. Wut zurück, so sammelt sie sich, wie in einem Sammelbecken an, bis dieses gefüllt ist. Danach sucht sie sich neue Wege, die u.U. fatale Auswirkungen haben können. Man sieht das an Amokläufen, mitunter auch an Suiziden. Fast immer handelt es sich bei solchen Vorkommnissen um Spontanhandlungen und oft werden diese durch ein „Überlaufen" von Energie verursacht.

Immer wenn wir uns Grenzen setzen, halten wir auch Energie zurück.

Manchmal ist das wichtig und erforderlich. Wir können selbstverständlich nicht permanent unsere Gefühle ausleben und zum Ausdruck bringen. Dabei würden wir sehr schnell die Grenzen anderer Menschen übertreten. Wir können aber durchaus unsere Gefühle wahrnehmen. Wahrnehmen heißt nicht gleich, sie zum Ausdruck zu bringen. Es ist ein inneres Schauen und Erspüren. Sobald wir etwas Wahrnehmen und uns damit Auseinandersetzen, bleibt es aber im Fluss. Und das ist das wichtigste für alle Energien. Energien müssen fließen können.

Das Leben selbst ist Energie.

Das Leben selbst ist Fluss.

Es fließt wie ein Strom fortwährend in eine bestimmte Richtung und keiner kann diesen Lauf umkehren. Wo immer wir versuchen, anzuhäufen oder zu horten, wird der natürlich Lauf gestört.

Ein ruhiges, gleichmäßiges Fließen erreichen wir, indem wir das, was das Leben uns schenkt, nutzen und es nach Gebrauch weitergeben. Das betrifft Geld, das betrifft Gedankengut und das betrifft auch jede körperliche Energie. Wenn finanzielle Mittel dazu eingesetzt werden, benutzt zu werden, bleibt der natürliche Energiefluss vorhanden. Wir nehmen Geld entgegen und geben es für etwas anderes wieder aus. Ein Kreislauf ist geschaffen, der störungsfrei fließen kann. Auch bei geistigem Gut ist es so. Nehmen wir an, was uns die geistige Welt offenbart und geben es als Erfahrung weiter, so bleibt auch hier der natürliche Fluss bestehen. Und bei der körperlichen Energie verhält es sich ebenso. Setzen wir unsere körperliche Energie als Schaffenskraft ein, um dann hinterher wieder zu entspannen, befinden wir uns in einem angenehmen und leichten Fluss.

Horten wir jedoch unser Vermögen ständig nur, machen wir uns zu Sklaven. Wir leben dann nicht mehr leicht, sondern sind in ständiger Sorge, damit nichts verschwindet und haben nur noch eine Sorge, unser Vermögen zu bewachen. Das hat nichts mehr lebendiges.

Wenn wir aus der geistigen Welt, Erkenntnisse und neues Bewusstsein erhalten und dieses nur für uns behalten und nicht der irdischen Welt zur Verfügung stellen, so können wir unmöglich dem Höchsten dienen, denn automatisch führt ein solches

Verhalten dazu, arrogant und hochmütig zu werden. Eine Eigenschaft, die uns nicht frei fließen lassen kann.

Und wenn wir körperliche Energie nicht leben und uns nur dem „Nichtstun" verschreiben, dann wird die Energie sich in Trägheit wandeln und wir werden uns ebenfalls alles andere als „lebendig" fühlen.

Es ist also für jede Entwicklung wichtig, das richtige Maß zu finden.

Als Gradmesser dient immer die Frage nach der empfundenen Lebendigkeit.

Wir können niemanden retten.

Was immer ein anderer tut, er tut es immer aus eigener Entscheidung. Er hat zu jedem Zeitpunkt die Möglichkeit, zu beenden, was ihm schadet oder was ihm nicht bekommt. Auch wenn er es nicht sofort schafft, er kann zu jedem weiteren Zeitpunkt die Entscheidung treffen, etwas zu ändern.

Wenn ein Mensch Hilfe benötigt, muss er zunächst einmal den Wunsch nach Hilfe in sich selbst entwickeln. Wenn er möchte, dass ihm geholfen wird, dürfen wir mit Rat und Tat beiseite stehen.

Wir dürfen ihn aber nicht dazu zwingen, etwas zu tun, von was er selbst nicht überzeugt ist.

Alles, was geschieht, muss von ihm gewollt werden.

Sonst ziehen wir Schuld auf uns. Schuld in der Form, dass wir uns in etwas einmischen, was uns einfach nichts angeht.

Wie schwierig das ist, wissen wir wohl alle aus eigenen Erfahrungen.

Gerade bei Eltern wiegt dies besonders schwer. Wie gerne möchten sie ihre Kinder behüten und bewahren. Wie gerne möchten sie ihnen ihre Sorgen abnehmen und ihre Hände schützend über sie halten. Doch das geht nicht.

Dieses Recht ... diese Pflicht ... haben wir als Eltern, nur in den ersten Lebensjahren unserer Kinder. Dort brauchen sie uns und unsere Führung. Und dort dürfen wir den Grundstock legen, um ein gutes Fundament zu schaffen. Im Erwachsenenalter aber haben wir nicht mehr das Recht, in ihre Entscheidungen einzugreifen. Wir können zwar mahnen und hinweisen, machen uns jedoch schuldig, wenn wir ihnen unseren eigenen Willen aufzwängen oder sie manipulieren.

Es ist immer wichtig, andere loszulassen ... sie sich – und somit Gott – zu überlassen, im Vertrauen, dass er am Besten weiß, was ein anderer gerade braucht.

Was wir fühlen und denken, entspricht nur unseren Erfahrungen und unserem persönlichen Interesse. Ein anderer Mensch denkt völlig anders, fühlt anders und benötigt deshalb vielleicht auch etwas ganz anderes, um im Leben weiterzukommen.

Wo der eine eine streichelnde Hand braucht, braucht ein anderer vielleicht eine knallharte Erfahrung.

Die Mauern des einen brechen vielleicht auf, wenn er zum ersten Mal Liebe erfährt, wenn er sich zum ersten Mal im Leben wirklich geborgen, angenommen und verstanden fühlt, während ein anderer vielleicht genau davor die größte Angst hat. Vielleicht muss er erst einmal fallen, ehe er bereit ist, sein Leben zu ändern und in Angriff zu nehmen. Der eine reagiert auf liebevolle Hilfe, einem anderen macht eine solche Hilfe Angst. Der eine braucht eine führende Hand, ein anderer muss sich alleine befreien.

Beeinflussen wir nun jemanden und drängen ihm unsere Hilfe auf, so nehmen wir ihm vielleicht die Chance zu wachsen. Wir sind nicht Gott. Wir wissen nicht, was für ihn im Moment gerade das richtige ist. Deshalb handeln wir klug und von wahrer Größe, wenn wir ihn „sein" lassen, was er gerade ist. Das schließt ja nicht aus, dass wir ihn begleiten und da sind, wenn er uns braucht. *(Übrigens: Jemanden „sein" zu lassen, bedeutet dass wir einen anderen sich selbst lassen – er ist sein eigenes Eigentum.*

Dies ist eine hohe Kunst, die einen befähigt, nicht über andere zu verfugen, sondern bei sich zu bleiben.)

Probleme sind dazu da, weiter zu wachsen.

Sie sind keine Strafe und sie sollen auch niemanden erniedrigen.

Gott möchte uns nur immer wieder auf unseren Weg zurückführen, wenn wir in einer Sackgasse gelandet sind. Und das geht leider in den meisten Fällen über Probleme, die wir lösen müssen. So beginnen wir, unsere Wege zu hinterfragen und uns immer wieder neu zu entdecken. Dies führt zu Selbst-Erkenntnis und diese wiederum erweitert immer mehr unser Bewusstsein, so dass wir immer selbstbewusster werden. Wer nichts mehr tun muss, wird träge. Das gilt sowohl für das Körperliche, als auch für das Geistige.

Gott kennt den richtigen Fahrplan jedes Menschen. Wir können nicht wissen, was für einen anderen richtig ist. Wie gut! Was hätten wir sonst für eine riesige Verantwortung zu tragen?

Wenn wir erst einmal voll und ganz begriffen haben, dass nichts selbstverständlich ist, dann werden wir automatisch dankbar.

Dankbarkeit wiederum löst Liebe in unseren Herzen aus. Auch dies erfolgt ganz automatisch. Und wenn wir Liebe in uns spüren, trachten wir ebenso automatisch nach Frieden.

Alles gehört also zusammen und bewirkt einander.

Es ist wie eine Spirale, die immer weiter ins Licht führt. Und wo Licht ist ... ist Erkenntnis ... ist Bewusstheit.

Der erste Schritt also besteht darin, sich bewusst zu werden.

Bewusstwerdung ist erforderlich, um zu erkennen, dass wir nicht aus uns selbst leben können, sondern dass alles, was wir sind und haben aus einer wunderbaren Quelle entspringt.

Werden wir uns darüber bewusst, wie wunderbar uns diese göttliche Quelle zu jedem Zeitpunkt mit frischem, lebendigem Atem versorgt und dass es nicht selbstverständlich ist, atmen zu können Es ist ein Geschenk. Da ist etwas weitaus Größeres, das uns „be-atmet". Wie viele spüren ihren Atem gar nicht mehr und sind sich gar nicht bewusst darüber, dass sie ohne Atem nicht existent wären? Und ... was wäre ein Leben auf der Welt ohne Luft? Nichts könnte existieren. Keine Pflanze, kein Tier, kein Mensch!

Werden wir uns darüber bewusst, wie wunderbar die göttliche Quelle uns mit Licht versorgt. Was wären wir ohne Licht? Nicht nur die Vorstellung, immer im Dunkeln sein zu müssen, ist gänzlich unvorstellbar, sondern darüber hinaus schenkt das Licht uns Leben. Ohne Licht kann kein Leben existieren. Alles würde sterben – auch wir. Licht ist ebenfalls ein großes, kostbares Geschenk. Wann hast du das letzte Mal Licht wirklich bewusst wahrgenommen und erkannt, wie wichtig es in deinem Leben ist?

Werden wir uns darüber bewusst, wie wunderbar uns die göttliche Quelle immer wieder Wasser schenkt. Reines, kostbares Wasser, das wir wie selbstverständlich benutzen und über das wir uns keine Gedanken machen. Wir fragen uns nicht, wo es herkommt und ob es nicht etwa versiegen könnte.

Wasser – ein Geschenk des Großen Geistes an uns, damit wir unseren Durst stillen können, damit unsere Körper damit ausgestattet sein und alle Funktionen erfüllen können. Unser Körper besteht zum größten Teil aus Wasser. Und welch eine Wohltat ist es doch, sich unter frischem klaren Wasser reinigen und erfrischen zu dürfen. Was wäre die Erde ohne Wasser? Sie wäre ohne jedes Leben!

Werden wir uns darüber bewusst, wie wunderbar wir durch die göttliche Quelle mit Mutter Erde verbunden sind, dass unsere Füße sicher stehen und dass Mutter Erde uns so willig (er)trägt.

Sind wir uns uns bewusst darüber, dass „wahre" Nahrung aus Mutter Erde kommt? Geschaffen von Gott für uns?

Heutzutage kennt der Mensch leider allzu oft nur noch denaturierte Lebensmittel. Doch der Geist wird zu dem, mit was der Körper genährt wird. Der Schöpfer hat uns die Erde geschenkt und mit ihr alles, was wir zum Leben brauchen. Frische, lebendige Nahrung, die uns durch ihre Aufnahme einen frischen und lebendigen Geist schenkt. Wohingegen der Geist abschlafft und träge wird, wenn wir Nahrung zu uns nehmen, die längst tot ist. Mit toter Nahrung schaffen wir auch einen toten Geist.

Es wird Zeit, uns diese Dinge wieder bewusst zu machen.

Es wird Zeit, für diese Dinge wieder Dank zu sagen.

Es wird Zeit, diese Dinge wieder lieben und achten zu lernen.

Genau hier beginnt dein persönlicher Frieden.

Nicht draußen in der Welt musst du Frieden schaffen.

Beginne damit bei dir.

Hier und jetzt.

Danke dem Großen Geist, dass er dich atmet, dich mit Licht und Energie versorgt. deinen Körper mit dem richtigen Maß an Wasser füllt und dir zu essen und zu trinken schenkt. Danke Gott dafür, dass er dich so lebendig macht und erkenne, das du nur deshalb am Leben bist, weil ER es will.

Sage Dank dafür, dass du mit Gott verbunden bist und er dir schenkt, dass du dies alles erkennen darfst … dass du dir darüber bewusst werden darfst.

Auch das ist ein Geschenk.

Nimm es an.

Wenn du jeden Abend schlafen gehst im festen Glauben und Vertrauen darauf, dass du am nächsten Morgen wieder erwachst, warum glaubst du dann so wenig daran, dass Gott dich immer wunderbar mit allem versorgt? Du vertraust darauf, dass du zu jedem Zeitpunkt mit allen lebensnotwendigen Elementen ausgestattet wirst und zweifelst gleichzeitig daran, dass Gott nur das Beste für dich will?

Leg deine Zweifel beiseite und erkenne. Sage Dank für alles, was du erhältst. Sage Dank für dein Leben und erwarte stets, dass für alles gesorgt ist.

Immer.

Denke dich positiv, aber ... denke dich nie größer als andere.

Auch wenn andere noch nicht so weit sind, wie du, sind sie vom Ursprung her nicht kleiner, nicht weniger und gleich dir. Der Schöpfergeist ist in jeder Seele vorhanden.

Denke dich positiv, aber ... überschätze dich nicht. Bleibe bescheiden und wisse, woher du kommst und wohin du gehst.

Denke dich positiv, aber ... bleibe dabei kritikfähig. Nimm an, was dir an Kritik entgegenkommt und prüfe. Erkennst du Wahres darin, dann lerne daraus. Erkennst du Anfeindung darin, so gehe weiter. Entschuldige dich, wenn du erkannt hast, dass du unrecht gehandelt hast und lerne aus deinem Fehler.

Selbstverachtung und Selbstvorwürfe bringen nichts. Dir nicht und anderen auch nicht. Sie ändern nichts. Sie lähmen nur. Bewusstsein und Erkenntnis sind das einzige, aus dem wir lernen und wachsen können.

Auf dem Weg nach Innen zum Großen Geist, kommen wir nicht an der Selbsterkenntnis und am Selbstbewusstsein vorbei. Um diese zu entwickeln und zu integrieren ist es erforderlich, sich anzuschauen und zu stellen. Das erfordert Mut und Ehrlichkeit zu sich selbst.

Haben wir alle Teile in uns angesehen und zugelassen, dann sind wir fähig, andere zu lassen, wie sie sind. Sie sind nicht mehr länger Herausforderungen für uns. Wir begreifen dann, dass wir andere nicht ändern können, sondern geduldig darauf warten müssen, bis sie sich selbst erkannt haben.

Alles, was wir an uns selbst akzeptieren, können wir auch an anderen akzeptieren.

Alles, was wir an uns selbst ablehnen und nicht mögen, werden wir auch an anderen ablehnen und zu bekämpfen versuchen.

Es ist der Kampf, den wir gegen uns selbst führen

Wir glauben verzweifelt daran, dass es uns besser geht, wenn wir andere ändern. Doch das ist ein Trugschluss. Wir müssen einzig und allein uns selbst erlösen und befreien. Dann werden wir das Außen auf völlig neue Weise wahr- und annehmen.

Um herauszufinden, was unsere größte Gabe ist, müssen wir nach Innen gehen. Wir finden die Antwort nur dort. Doch was ist eigentlich Gabe? Das Wort „Gabe" beinhaltet zweierlei. Zum Einen kann Gabe bedeuten, dass ich etwas erhalte – zum anderen kann Gabe auch bedeuten, dass ich etwas gebe. Für mich schließt der Begriff weder das eine noch das andere aus. Jeder Mensch hat von Gott ein Geschenk (eine Gabe) mit auf den Weg bekommen. Und jeder Mensch hat mit der Ankunft auf dieser Erde die Verpflichtung übernommen, diese Gabe anzunehmen und zu leben. Aber nicht nur das, sondern er hat sich auch dazu verpflichtet, diese Gabe nicht für sich zu behalten, sondern sie zu teilen.

Es gilt also, uns selbst zu erkennen als die, die wir sind.

Daraus ergibt sich die Fähigkeit, andere zu akzeptieren, als die, die sie sind.

Das ist ein Weg zum Frieden.

Tief im Inneren

Sehr oft fasst das Leben Menschen hart an. Und sehr oft schlägt das Schicksal immer und immer wieder neu zu. Die Menschen fragen sich zu recht: „Wie um alles in der Welt soll ich das denn noch positiv sehen? Reicht nicht diese oder jene Lektion? Muss es immer noch weitergehen? Wie soll ich denn Gott als einen guten und liebenden Gott sehen, wenn das Leben immer und immer wieder neues Leid bringt?"

Ich habe leider keine Antwort auf diese Frage. Doch ich habe sie selbst oft genug gestellt und die geistige Antwort, die ich darauf erhielt war diese:

„Du willst also Wunder und Herrlichkeiten entdecken? Nun … es gibt da einen Ort dafür. Es ist die ewig sprudelnde Quelle, die nie versiegt. Es ist der tiefste, innerste Punkt allen menschlichen Daseins. Es ist der göttliche Kern. Dort liegt der Schatz, den du suchst.

Selbst wenn ihr von Anbeginn bis Ende Eures Daseins geprüft werdet … selbst wenn ihr von Herausforderungen umgeben seid … selbst wenn ihr vielen Anfeindungen ausgesetzt seid … wisst, dass ihr durch all das genau dorthin entwächst … hin zu dem Schatz, nach dem ihr so sehr sucht. Hin zu euch selbst!

Sieh dir die Bergwerkarbeiter an, die nach Gold und Edelsteinen graben. Wie lange und mühsam ist ihr Weg, bis sie auf das stoßen, nach was sie suchen? Wie viele Opfer fordert diese Arbeit? Und wie viel Geduld verlangt sie? Am Ende aber … am Ende, wenn das kostbare Gut endlich gefunden und sichtbar geworden ist, hat sich alles gelohnt. Alle Mühen sind vergessen. Kaum einer denkt dann daran zurück, wie hart er dafür kämpfen musste. Der Schatz ist gefunden. So ist es auch mit der Herrlichkeit Gottes.

Betrachte eine Schwangerschaft. Auch da verläuft es so. Die Eltern warten sehnsüchtig auf ihr Kind. Sie scheuen keine Mühen und Herausforderungen. Sie lernen und wachsen mit ihrer Aufgabe und stehen alles willig durch. Jeder Schmerz, jede Sorge sind aber vergessen, wenn sie ihr Baby zum ersten

Mal in den Armen halten. Während in den Geburtswehen viele Frauen sagen, dass sie nie wieder ein Kind bekommen wollen, ist das beim Anblick des Neugeborenen auch schon vergessen. Egal wie schwer die Schwangerschaft oder die Geburt war, der Schatz in den Armen zeigt, dass er all das wert war."

Und so ist es auch im Leben.

Wir wissen nicht, wann wir belohnt werden für all unsere Mühen und Kosten.

Wir wissen nicht, wann wir auf das stoßen, was wir tief in unserem Herzen suchen.

Wir wissen nicht, ob wir es hier überhaupt finden.

Erreichen wir aber dieses Ziel und haben das gefunden, nach dem wir streben, erkennen wir, dass sich alles, was wir dafür getan haben, gelohnt hat.

Wir sind nicht zufällig hier.

Unser Hiersein hat einen Sinn.

Vielleicht müssen wir einfach nur wachsen. Vielleicht müssen wir etwas korrigieren und ausgleichen.

Auch wenn wir den Grund unserer Erdenreise vergessen haben, wir werden ihn erkennen, wenn wir unsere Aufgabe im Leben erkennen und ernst nehmen. Wenn wir ja sagen zu dem, was ist und weiter nach dem Gold in unserem Inneren schürfen.

Ob du bekommst, was du brauchst oder ob du brauchst, was du bekommst, hört sich im ersten Moment an, als wäre es das gleiche. Sicher meinen die Aussagen auch dasselbe. Und doch ... für mich sind sie verschieden.

Zu bekommen, was man benötigt, trägt in sich die Annahme eines Mangels. Wenn wir denken, dass wir bekommen, was wir brauchen, halten wir uns für „bedürftig". Wir fühlen in uns etwas, das befriedigt werden möchte. Wir erleben uns in einem Zustand des Mangels und dadurch, dass wir Mangel fühlen, fühlen wir ebenso, dass wir etwas benötigen, um diesen Mangel zu beseitigen. Wir erwarten dann, dass wir bekommen, was wir benötigen.

Zu brauchen, was wir bekommen, klingt völlig anders. Ich empfinde dabei tiefe Demut.

Wenn wir wahren Herzens so glauben, dann haben wir erkannt, dass wir nicht aus uns selbst leben, sondern dass die Schicksalsfäden für unser Leben an anderer Stelle gewebt werden. Wir haben erkannt, dass etwas, das größer ist als wir selbst, unser Leben bestimmt und dass wir diesem Größeren unser vollstes Vertrauen schenken können.

Erst wenn wir ganz in diesem Vertrauen sind, können wir völlig frei annehmen, was wir bekommen. Wir gehen dann ganz selbstverständlich davon aus, dass unsere höhere Macht besser weiß als wir, was wir in diesem Moment gerade brauchen (auch wenn wir selbst das nicht so sehen). Wir vertrauen auf diese große Weisheit und lassen uns bereitwillig führen.

Wir hinterfragen nicht, was wir erhalten, sondern betrachten alles als Geschenk und versuchen dadurch herauszufinden, was unser Weg ist.

Spürt ihr den Unterschied?

Wenn ihr absolut sicher seid, dass ihr immer gerade das braucht, was euch präsentiert wird, dann könnt ihr ganz leicht loslassen. Ihr seid dann völlig frei, im Wissen, dass zu jedem Zeitpunkt für euch gesorgt wird. Was immer euch im Leben begegnet … Menschen, Situationen, Tiere, Gefühle, Lehren … es ist genau das, was ihr gerade braucht.

Auch wenn ihr krank seid oder euch Sorgen drücken, schaut hin und seht, für was ihr das gerade braucht. Wenn ihr offen seid zu wachsen, werdet ihr viele kostbaren Schätze finden.

Nicht zu erwarten, dass ihr bekommt, was ihr braucht, sondern vertrauensvoll annehmen, was euch gegeben wird, wird so zu einer großen Stärke in euch werden. Das ist der wahre Schatz und den kann euch keiner mehr nehmen.

Wir Menschen neigen dazu, andere für unser Glück – wie auch für unser Unglück – verantwortlich zu machen. Dies ist insofern fatal, weil wir uns durch eine solche Gesinnung die Chance nehmen, wirklich glücklich zu sein. Immer dann, wenn wir uns glücklich oder unglücklich fühlen, sind wir in einer Abhängigkeit.

Fühlen ist ein vorübergehender Zustand. Jedes Gefühl geht vorbei. Es ist nicht von Dauer.

Alles aber, was in uns selbst gewachsen und gereift ist, weil wir es uns erarbeitet haben, hat Bestand und ist stets verfügbar.

Das Fühlen von Glück ist immer gleich. Das Gefühl selbst ändert sich nicht. Es ist aber ein grundlegender Unterschied, ob ich Glück empfinde, weil eine andere Person etwas tut, was mich glücklich macht, oder ob ich Glück empfinde, weil es in MIR verankert ist und ich zu jeder Zeit darauf zurück greifen kann.

Wir haben Wünsche, Träume und Hoffnungen. Erfüllt uns ein Mensch diese, fühlen wir uns glücklich. Wird uns die Erfüllung verweigert, empfinden wir dies als Enttäuschung. So machen wir uns abhängig von diesem Menschen. Er hat die Macht, darüber zu entscheiden, wie wir uns fühlen. Eine fatale Sache.

Wahre Erfüllung erfahren wir nur dort, wo das

Glücksgefühl aus uns selbst erwächst. Wo wir rechtzeitig dafür gesorgt haben, dass wir „erfüllt" sind.

Bei jedem Gefühl von Unglücklichsein, weil wir etwas nicht erhalten, was wir gerne gehabt hätten, sollten wir uns fragen, warum wir glauben, nur dann glücklich sein zu können, wenn uns dies ein anderer schenkt. Wäre es nicht sinnvoller und besser, auf uns selbst zurückzugreifen und danach zu trachten, uns so zufrieden als möglich zu machen?

Wenn das, was wir uns wünschen, so wichtig für uns ist, dass wir glauben, es unbedingt besitzen zu müssen, dann sollten wir danach streben, es auch zu bekommen – unabhängig von einem anderen Menschen.

Vielleicht aber erkennen wir, dass wir auch ohne diese Wunscherfüllung leben können. Dann sollten wir den Wunsch loslassen und uns von der Gier nach Erfüllung verabschieden

Wir können uns z.B. in jeder solchen Situation fragen: „Bin ich danach glücklicher?" Diese Frage hilft sehr gut, zu erkennen, was wirklich wertvoll und wichtig für uns ist.

Eines aber sollten wir nicht länger tun ... darauf hoffen, dass uns ein anderer zu unserem Glück verhilft. Wir selbst sind für unser Glück oder Unglück verantwortlich. Und wenn wir zu jedem Zeitpunkt danach streben, glücklich zu sein, müssen wir gleichzeitig danach streben, frei zu werden. So kann wahre Erfüllung erfolgen.

Selbst wenn ich nicht das bekommen habe, was ich glaubte besitzen zu müssen, kann ich entscheiden, glücklich zu sein. Ich kann darauf vertrauen, dass Gott mir diesen Wunsch verwehrt, weil er weiß, was das Beste für mich ist. Würde ich auf Biegen und Brechen darauf bestehen, zu bekommen, was ich will, könnte dies vielleicht zu einem Schaden für mich werden.

Ich kann also ganz vertrauensvoll loslassen und glücklich sein, weil Gott dafür gesorgt hat, dass alles immer und zu jedem Zeitpunkt zu meinem Besten geregelt ist.

Erfülle dich selbst stets mit dem, was du dir Gutes tun kannst und warte niemals darauf, dass ein anderer es für dich tut. Dann ist das Gefühl des

Glücks von Dauer und erlischt nicht, wenn der andere sich anders besinnt und es dir wieder nehmen möchte.

Geben … nur einfach geben. Ist das denn möglich?

Wie kann ich etwas geben, was ich gar nicht habe? Kommt nicht zuvor das Nehmen? Und das, was ich durch das Nehmen empfange, kann ich dann auch wieder geben? Was war zuerst da? Das Huhn oder das Ei?

Hängen „geben" und „nehmen" nicht immer zusammen? Nur das, was ich habe, kann ich doch auch geben. Und nur wenn ich etwas gebe, schaffe ich doch auch wieder Raum für Neues. Es ist ein ewiger Kreislauf – wie alles im Leben.

Mutter Erde empfängt. Sie empfängt Wasser, Sonne

und Luft, damit sie selbst wieder geben kann. Nur dadurch, dass sie empfängt, ist es ihr möglich, aus sich selbst heraus wieder abzugeben – sich selbst zu schenken.

Auch wir Menschen müssen zuerst einmal gefüllt werden und „reifen". Dann können wir von unseren Früchten abgeben, um anderen zu Nahrung zu verhelfen und sie satt zu machen.

Dabei besteht diese Nahrung nicht nur aus organischen Stoffen. Sie kann ebenso in geistigem Austausch stattfinden.

Alles, was wir erhalten, erhalten wir von Gott. Ohne Gott wäre nichts möglich. Da wir also alle jederzeit an dieses System angeschlossen sind und fortwährend Geschenke des Himmels erhalten, sollten wir diesen Kreislauf aufrecht erhalten und diese Geschenke wiederum weiter verteilen. Nur so tragen wir effektiv zu einem gut funktionierenden Weltenkreislauf bei.

Fangen wir an, mit unseren Gaben zu geizen und sie für uns zu behalten, gerät alles ins Stocken. Der Fluss ist unterbrochen und braucht viel mehr Kraft und Energie, um das System am Laufen zu halten. So auch im Menschen selbst.

Ein Mensch, der nicht bereit ist zu geben … sich ganz zu geben … gerät ins Stocken. Er errichtet automatisch in sich selbst Barrikaden. Oft zeigt sich dies an ganz bestimmten Krankheitssymptomen. Manchmal sind diese Menschen regelrecht „verstopft". Sie wollen noch nicht einmal mehr ihren Darminhalt hergeben und alles, was sie in sich aufgenommen haben, für sich behalten. Nur unter schwerem „Druck" gelingt es ihnen, loszulassen. Wie giftig dieses Behalten wollen ist, zeigt sich dann, wenn die Giftstoffe sich im Bauchraum ausbreiten oder im schlimmsten Fall zu Darmverschlüssen führen.

Ein anderes Beispiel – auf anderer Ebene – findet sich bei Bluthochdruck. Im ersten Moment denkt kaum einer daran, dass auch der Bluthochdruck mit „geben" und „nehmen" zu tun haben könnte. Ich sehe das aber durchaus so.

Warum entsteht denn überhaupt Bluthochdruck? Wie zerlegen einmal das Wort: BLUT (steht für das

Leben) – HOCH (steht für stark, heftig, kräftig) – DRUCK (steht für Spannung, Anspannung). Übersetzt hieße das also, dass hier ein Leben heftig unter Anspannung geraten ist. Dies ist eine erste Definition. Danach gilt es den Auslöser dafür zu suchen. Bei meinen Recherchen und Beobachtungen bin ich immer wieder auf das gleiche Ergebnis gestoßen. Bei Bluthochdruck will etwas „gelebt" (gegeben) werden, was nicht zugelassen wird. Das, was Gott in einem Menschen angelegt hat in Form von Freude, Trauer, Schmerz, Wut, Leidenschaft, Liebe, etc. soll auch gegeben, im Sinne von „geschenkt" werden. Bluthochdruckpatienten können dies oft nicht und behalten ihre Gefühle lieber zurück.

Je mehr diese aber anklopfen, um nach außen zu gelangen, desto fester wird ihnen die Tür verschlossen, hinter der sie rebellieren. Und der Blutdruck steigt und steigt.

Auch hier wird also ein Geben verhindert. Wie befreiend wäre es doch, den eigenen Gefühlen Ausdruck zu verleihen, um andere daran teilhaben zu lassen. Nichts würde sich anstauen müssen, da durch das Geben neuer Freiraum entstünde, in den dann wieder aufgenommen werden könnte. Das wäre der natürliche Kreislauf, der jeden Bluthochdruck unnötig machte.

Wenn dir also danach ist, deinen Frust laut herauszubrüllen. Dann tu es. Geh in dein Kämmerlein, schließe die Tür und gib deine Gefühle. Gib sie dem Raum, gib sie der Luft … gib sie Gott. Hab keine Angst. Gott hält sie aus.

Wenn dir gerade herzhaft zum lachen ist, so lache. Lach bis dir die Lachtränen über das Gesicht laufen. Sei mutig und schenke dein ganzes Lachen deinem Hund, deiner Katze … oder einfach Gott. Er lacht mit dir.

Wenn du dich gerade sehr verletzt fühlst, dann gestatte dir auch hier zu weinen. Lass den Schmerz sich selbst ausdrücken. Zieh dich zurück und weine. Schenke deine Tränen dem Regen, durch den du vielleicht gerade läufst oder dem Wind, der sie mitnimmt … oder Gott, der sie still und behutsam auffängt.

Und wenn du tanzen willst, dann tu es. Schalte dein Radio ein und tanze. Tanze wild und leidenschaftlich, wie du noch nie getanzt hast. Gib alles – gib dich. Feiere, dass du dich bewegen kannst und als Dank zeig es.

Solange du keinen anderen dabei verletzt, darfst du all dem Ausdruck verleihen, was in dir ist.

Jetzt ist die Möglichkeit, dies zu tun.

Entscheide dich für das Leben und für die Liebe.

Und dann gib ... gib dich mit allem, was du bist und was du hast. Und du wirst erleben, wie ein großes Wunder geschieht. Du wirst auf magische Art, ganz automatisch immer wieder neu gefüllt werden. Geben ist nicht mit Verlust verbunden. Es sei denn, du gibst nicht aus freiem Herzen.

Die Welt kann nicht besser werden, wenn wir nicht unsere eigene, kleine Welt verbessern.

Wenn wir nicht kontinuierlich und fortwährend daran arbeiten, unseren eigenen Bereich sauber und rein zu halten, kann auch die Welt nicht reiner werden.

Viele Menschen sagen: „Ach, ihr Weltverbesserer,

ihr nehmt euch so wichtig und glaubt, die Welt retten zu können. Was kann ein Einzelner denn schon bewegen?"

Ich aber sage euch: Ein Einzelner kann der Anfang sein, eine ganze Welt zu retten.

Stellt euch vor, ihr steht vor einem See. Ganz ruhig und klar liegt das Wasser vor euch. Ihr nehmt einen Stein und werft ihn in die Mitte des Sees. Was beobachtet ihr? Ihr seht, wie sich dort, an der Stelle, an welcher der Stein ins Wasser gefallen ist, ein kleiner Kreis bildet. Und genau von dort aus bilden sich immer neue Kreise. Einer um den anderen, nach außen hin immer größer werdend. So lange, bis sie den kompletten See in Bewegung versetzt haben.

Und genau so ist es mit euch.

Wenn ihr eure kleine Welt in Ordnung bringt und immer wieder danach strebt, sie sauber und rein zu halten, dann setzt ihr etwas Größeres in Bewegung. Vielleicht sind es eure Kinder, die die Resultate sehen und euch nacheifern. Vielleicht ist es der Nachbar … ein Freund … ein Verwandter.

Irgendeiner wird sehen und erkennen was ihr tut und welche Früchte euer Tun bringt. Er wird ebensolche Früchte ernten wollen und versuchen, es euch gleich zu tun. Und auch bei ihm wird es nach dem gleichen Prinzip ablaufen. Wieder wird es einer sehen und wieder wird es Kreise ziehen. Genau wie der Stein im See Kreise verursacht hat. So können immer mehr Menschen bewegt werden. Im besten Fall eine ganze Welt.

Es ist nie leicht, den ersten Schritt zu machen.

Aber der erste Schritt ist notwendig und erforderlich. Er ist der, der alle weiteren in Gang setzt.

Mutter Erde wird es jedem Einzelnen danken, denn mit jedem, der nur danach trachtet, seine eigene, kleine Welt heil zu machen, wird das Licht in dieser Welt wieder zunehmen.

Wie oft wurde die Frage „warum lässt Gott das zu“, schon gestellt?

Ich möchte – aus meiner Sicht und meinem Erleben – eine Antwort versuchen.

Tatsächlich existiert das Böse in der Welt nicht wirklich dort.

Die Welt ist lediglich ein Spiegel derer, die sie bevölkern. Die Natur selbst ist friedlich. Die Natur selbst ist einzigartige Harmonie – vorausgesetzt - sie wird nicht von außen gestört.

Der Mensch ist – in der Tiefe seines Selbst – ebenso. Auch er ist vom Ursprung her friedlich und alles in ihm harmonisch. In ihm wirkt – wie in der Natur – eine göttliche Ordnung und Gottes Ordnung ist immer friedlich.

Gäbe es keine negativen Einwirkungen auf diese göttliche Ordnung, die das göttliche Prinzip und das göttliche System stören, gäbe es weder im Menschen noch in der Natur Disharmonie.

Nehmen wir einmal an, dass allen Menschen, die unseren Planeten bevölkern, jeder böse und feindselige Gedanke genommen werden könnte. Was wäre das Ergebnis? Wir würden sofort in Frieden leben. Man stelle sich vor, das menschliche Gehirn könnte programmiert werden mit lauter harmonischen Gedanken. Es würde unmöglich werden, Krieg gegeneinander zu führen. Das gäbe gar keinen Sinn mehr.

Die Welt ist nicht böse. Sie war es noch nie!

Es waren immer Menschen, die die Welt in einem bösen Licht erscheinen ließen. Menschen brachten ihre Feindseligkeiten in die Welt. Menschen streuten Hass und pflanzten Samen von Feindseligkeit auf die Erde. Und diese tut nichts anderes, wie es jede Saat zu tun pflegt … sie geht auf, wächst und gedeiht.

Und nun fragen dieselben Menschen: „Warum lässt Gott das zu?" Und im gleichen Atemzug sinnen sie weiter auf Rache und füttern ihre Herzen mit noch mehr feindseligen Gedanken.

Ich sage euch: Gott lässt dies zu, weil er EUCH Entscheidungsfreiheit gegeben hat.

Wir wurden auf diese Erde geschickt als vollkommene Seelen. Mit der Zeit vergaßen wir jedoch, wer wir sind und woher wir stammen. Äußere Faktoren führten dazu, dass wir uns von uns selbst entfremdeten. Dies gilt es zu überwinden. Das ist die Aufgabe, die jeder Einzelne von uns mit auf den Weg bekommen hat. Wir müssen zurückfinden zu uns selbst.

Um dieses Ziel zu erreichen, ist es unabdingbar, dieses Leben hier so anzunehmen, wie es ist. Das heißt: mit all dem Leid, welchem wir hier begegnen. Erst wenn wir wirklich aus unserem tiefsten Innern erkannt haben, dass wir es sind, die diese Welt gestalten, können wir einen großen Schritt in eine neue Richtung tun.

Somit liegt es immer an uns, in welcher Welt wir leben. Denken wir liebevoll, so begegnen wir in unserem Umfeld auch Menschen, die uns freundlich gesonnen sind und uns mit Achtung und Respekt behandeln. Senden wir hingegen Signale von

Feindseligkeit aus, so brauchen wir uns nicht wundern, wenn wir Früchte ernten, die uns ganz und gar nicht schmecken.

Gott will keinen Verfall.

Gott will keinen Krieg.

Gott will kein Elend und

Gott will kein Leid.

Er will FRIEDEN.

Er will Harmonie.

Er will Liebe.

Denn genau dies alles liegt in seiner göttlichen Ordnung. Wenn jeder sich auf den Weg macht, diese Ordnung bei sich selbst wieder herzustellen, wird das Böse in der Welt vergehen.

Das Böse existiert dort nicht.

Es sind lediglich die vergifteten Herzen der Menschen, die einer dringenden Reinigung bedürfen.

Unser Lebensweg ist Teil von uns, ab dem Tag, an dem wir das Licht der Welt erblicken. Wir tragen ihn im Gepäck und werden ihn – was immer wir auch tun – nicht wieder los, bis er vollendet ist. Jeder Versuch, ihn abzuschütteln, wird scheitern, denn er holt uns sehr schnell wieder ein.

Im Größeren betrachtet, geht er noch viel weiter, als durch dieses eine Leben. Wir tragen ihn in uns von Anbeginn der Zeit. Und so, wie der Tag einen Anfang hat und mit der Nacht endet, so beginnt eine Woche oder ein Monat immer an einem Anfang und hört an einem Ende auf. Nicht anders ist es mit unserem Leben und im Größeren mit unserem ganzen Sein. Alles trägt einen Anfang und ein Ende in sich und geht danach automatisch in eine neue Daseinsform über.

Wohin wollten wir da nun entkommen? Wir werden uns immer wieder finden. Egal, welche Umwege wir wählen. Früher oder später müssen wir das Ziel erreichen.

Es gibt so viele Wege.

Da sind die steinigen, die uns schmerzen. Da sind enge Pfade, auf denen wir mit nur wenigen wandeln. Da sind breite, welche von vielen benutzt werden. Da sind dunkle, die uns ängstigen und helle, die uns fast wie von selbst tragen. Da gibt es Sackgassen, aus denen wir umkehren müssen und es gibt Kreuzungen, an die wir kommen und die eine Entscheidung von uns fordern. Immer wieder ändert sich unser Weg auf der Reise durch das Leben und immer wieder müssen wir uns um- und neu einstellen, um die Herausforderungen zu meistern.

Manchmal ist ein Weg lang und zäh und fordert von uns große Opfer. Vielleicht fällt es uns schwer, diesen zu verlassen und wir brauchen lange bis wir uns endlich für einen neuen entscheiden können. Manchmal wissen wir nicht mehr, wie wir weiterkommen sollen. Wir halten Ausschau nach einer Bank, um auszuruhen. Manchmal sitzen wir lange an einer Kreuzung, weil wir einfach nicht wissen, wo wir weitergehen sollen und welcher Weg der richtige ist.

Manchmal legen wir den Weg zu Fuß zurück. Manchmal leicht und manchmal mit schwerem Gepäck. Manchmal müssen wir uns aber auch transportieren lassen. Wir setzen uns in ein Boot und überlassen uns dem „Fluss". Dann wieder benötigen wir die Masse, die uns mit sich zieht.

Eines aber ist sicher – egal, welche Wege wir wählen – wir werden unser Ziel erreichen. Wann, das wissen wir nicht. Aber wir können uns darauf verlassen, das wir ankommen werden … irgendwann

Unser Weg ist immer nur der Weg zum Ziel. Wir haben die Möglichkeit, uns zu entscheiden, wie wir dieses Ziel erreichen. Wir haben aber nicht die Möglichkeit, dieses Ziel zu bestimmen. Das Ziel selbst ist vorgegeben und kann nicht verändert werden.

Wir haben also die Wahl, die ART des Weges, frei zu bestimmen. Doch tun wir gut daran, Gott die Führung zu überlassen. Wer weiß besser, als ER, was genau wir brauchen, um unsore Lektionen zu lernen und voran zu kommen?

Vertrauen wir IHM und nehmen SEINE Führung an, dann werden wir uns auf Wegen finden, die immer das Beste für uns vorsehen. Das ist auch dann der Fall, wenn es im ersten Moment gar nicht so für uns erscheint.

Nicht an Führung zu glauben und diese abzulehnen, zeugt nur davon, dass wir noch in unserem alten Denken verhaftet sind. Wir sind noch zu sehr davon überzeugt, alles selbst kontrollieren zu können. Erst wenn wir vertrauensvoll Gottes Pläne annehmen, können wir frei werden, diejenigen zu werden, die wir schon immer waren; gerade so, wie Gott uns von Anfang an gemeint hat.

Der schlechteste Weg ist, keine Entscheidung zu treffen. So bringen wir uns um wichtige Erfahrungen. Erfahrungen, die wir für unsere Entwicklung brauchen.

Wenn wir erst einmal begriffen haben, dass wir ohnehin nichts an unserem Ziel ändern können, so können wir ganz gelassen Gottes Führung annehmen und lernen IHM zu vertrauen. Dann treffen uns auch schwere Zeiten nicht mehr so heftig, weil wir wissen, dass sie vergehen, wenn wir an ihnen gewachsen sind.

Das Erdenleben ist nur eine von vielen Stationen auf unserem Weg. Ist dieses vorbei, steigen wir in den großen Zug und fahren weiter.

Durch Liebe wurden schon Menschen und Tiere gerettet und geheilt.

Durch fehlende Liebe mussten Menschen und Tiere schon leiden und sogar sterben.

Liebe ist die Grundessenz unseres Lebens.

Wo sie fehlt, wird ein Wesen zu einer leeren Hülle und verkümmert. Wo sie ist, blüht ein Wesen sichtbar auf und entfaltet sich zu seiner ganzen Schönheit.

Wo es an Liebe mangelt, mangelt es am Menschsein.

Wo Liebe wohnt, treffen wir auf offene Herzen, auf Gastfreundlichkeit und Angenommensein.

Liebe ist immer auch ein Gradmesser unserer eigenen Wege.

Wenn wir einmal unsere Richtung verloren haben, so müssen wir nur zur Liebe zurückkehren. Alle Missstimmung in uns zeugt davon, dass wir nicht mehr auf dem Pfad der Liebe wandeln. Und je schneller wir dies erkennen, desto schneller können wir umkehren.

Leider wird Liebe immer noch so oft verwechselt.

Was aus Liebe alles gemacht wird, hat oft nicht mehr viel mit Liebe zu tun. Was in Liebe alles hinein interpretiert wird, wozu sie benutzt wird und wie versucht wird, mit dem Begriff „Liebe" zu manipulieren, ist mitunter haarsträubend.

Was ist es denn nun ... was man Liebe nennt?

Für mich persönlich gibt es nur eine zutreffende Erklärung dieses Begriffes. Liebe ist tiefste, innere, allumfassende Zufriedenheit. Liebe ist der tiefste Frieden, den ein Mensch empfinden kann.

Liebe hat nicht nur mit „glücklich sein" zu tun.

Liebe hat auch nichts mit Sehnsucht zu tun.

Wer wahrhaft in der Liebe ist, dem mangelt es an nichts. Deshalb sterben auch Gefühle wie Glück und Sehnsucht bei falsch verstandener Liebe.

Wer Liebe lebt, ist ausgefüllt und ohne Mangel.

Dort, wo alles schweigt und sich Friede einstellt, dort findet sich gelebte Liebe.

Jeder Weg, der nicht diesen Frieden oder zumindest eine wohltuende Zufriedenheit in sich birgt, sollte überdacht und geprüft werden. Meist befinden sich dort Blockaden. Wir können hinschauen, prüfen und den Weg wieder frei machen, damit wir wieder in Fluss kommen. In den Fluss der Liebe.

Liebe ist die Voraussetzung für Frieden in der Welt.

Frieden in der Welt beginnt mit Frieden im eigenen Herzen.

Es ist doch so einfach.

JEDER kann dazu beitragen.

JEDER kann den Frieden in sich und in seinem Inneren anstreben.

JEDER kann somit sein Umfeld mit Frieden füllen und darüber hinaus in die Welt tragen.

Und ich garantiere, dass dort, wo Friede vorherrscht, automatisch die Liebe zu finden ist. Und dort wo Liebe gelebt werden darf, wird das Leben geachtet, geschätzt und respektiert. Wo aber Achtung und Wertschätzung wohnen, kann niemals Krieg entstehen.

Liebe ist so viel mehr.

Liebe ist alles.

Nicht die Liebe zwischen Mann und Frau, sondern die große Liebe. Die Liebe Gottes.

In einer Zeit, in der ich für weltliche Geschehnisse nach Erklärungen suchte, bat ich Gott: „Gott, bitte sage mir wo kann ich einen Lehrer finden? Wer kann mir die Dinge der Welt erklären?"

Als Antwort bekam ich dies:

„Wenn DU nach dem Sinn des Lebens suchst, wer soll dir diesen erklären? Wer kennt den Sinn DEINES Lebens?

Alles, was dir ein anderer auf eine solche Frage sagen kann, ist nur eine Erklärung über den Sinn „seines" Lebens.

Es gibt keine allgemeingültige Antwort auf all diese Fragen.

Was du lernen musst, ist das, was für DEINEN Lebensweg erforderlich ist. Ein anderer benötigt eine völlig andere Lehre, um vorwärts zu kommen.

Wer also könnte dir Lehrer oder Meister sein?

Siehe und erkenne ... die wahre Lehre für DEINEN persönlichen Lebensweg, findest du einzig und allein in dir verborgen.

Was macht einen wahren Meister aus?

Ein wahrer Meister nimmt dich vollkommen wahr, lässt dich reden und schweigt.

Er lässt dich dein eigenes Echo hören und weiß, dass du nur so das richtige hören wirst.

Lass die Finger von Menschen, die dir ihre eigene Welt erklären wollen. Es ist nur IHRE Sicht. Lass vor allem dann die Finger von diesen Menschen, wenn sie für IHRE Sicht auch noch Geld haben wollen. Dies sind keine Lehrer – das sind Geschäftemacher.

Vertraue jenem Lehrer, der dir keine Ratschläge erteilt und dich nicht versucht in eine Richtung zu lenken.

Ein wahrer Meister wird immer nur ein Ziel vor Augen haben … dich in die Liebe zu führen. Sieh Jesus, er hat nicht gesagt: „Tu dieses und tu jenes". Er hat die Menschen anhand seiner Gleichnisse dazu gebracht, selbst nachzudenken und die Dinge zu hinterfragen. Er hat sie ermutigt, sich eine eigene Meinung zu bilden und war ihnen immer nur VOR-Bild.

Und so dient ein wahrer Meister dem Höchsten und sein ganzes Ansinnen ist es, dich ebenfalls zum Höchsten zu führen."

Seit Jahren schon trage ich keine Uhr mehr. Auch in meiner Wohnung befindet sich nur noch eine einzige Uhr. Diese dient dazu, mich morgens zu wecken. Ansonsten lebe ich – zumindest in meiner freien Zeit – möglichst zeitlos.

Wenn ich nicht zur Arbeit muss, lasse ich mich morgens aufwachen. Meist werde ich dann wach, weil der Morgen selbst mich weckt und mir sein erstes Licht schenkt. Ich finde es wunderbar, mich von der Natur selbst führen zu lassen, die der Schöpfer so perfekt für uns gestaltet hat. Ordne ich mich dieser Natur unter, erfahre ich die für mich beste Ordnung. Wie natürlich konnte das Leben doch noch stattfinden, als es noch keine Elektrizität gab. Da wurde geschlafen, wenn der Tag zu Ende ging. Die Dunkelheit des natürlichen Ablaufes zeigte dem Menschen, welches Maß an Ruhe sinnvoll für ihn ist. Im Winter ruhte ein Mensch länger als im Sommer. Der Sonnenaufgang am Morgen half dem Menschen, sanft zu erwachen und sich auf den Tag vorzubereiten. In der Natur ist für alles gesorgt ... auch für zeitliche Abläufe.

Leider hören nur noch wenige Menschen auf diese Ordnung und erschaffen sich die Welt immer wieder neu. Alte und weise Kulturen folgten dem Lauf der Jahreszeiten. Tiere tun dies auch. Sie passen sich der Natur an und versuchen nicht – wie der Mensch – die Natur zu unterwerfen.

Wenn es um die Mittagszeit sehr heiß ist, wird eine weise Kultur ihre Arbeit niederlegen und ruhen bis der Geist wieder klar und wach seine Arbeit aufnehmen kann. Auch ein Tier legt sich während großer Hitze nieder und schützt so seinen Körper und seine Organe. Mit großem Entsetzen sehe ich immer wieder Hundebesitzer in der größten Mittagshitze ihre Vierbeiner mit dem Rad spazieren führen. Sie haben weder ein Gefühl für das geplagte Tier, als auch für ihren eigenen Körper.

Nur der industrialisierte Mensch hetzt und rennt vom

Morgen zum Abend. Den Blick stetig auf die Uhr gerichtet, erschafft er lieber Klimaanlagen als auf sein „Urgefühl" zu hören und dem Leben selbst zu vertrauen.

Anstatt auf die Lehren der alten Urvölker zu hören oder von der Weisheit der Tiere zu lernen, spielt Mensch lieber selbst Gott und verbiegt sich die Schöpfung. Das tut er solange, bis er selbst erSCHÖPft ist.

Wenn ich dies auf mich wirken lassen, muss ich manchmal lachen, weil ich die herum hastenden Menschen wie Comicfiguren erlebe. Mitunter versuchen sie sich wirklich selbst zu überholen. Stets im höchsten Gang und mit klar erkennbarem Bestreben ... immer weiter ... immer schneller ... immer mehr.

Als ich meine Uhr damals ablegte, habe ich – für mich – begriffen, dass es in Wirklichkeit überhaupt keine Zeit gibt. Es gibt sie definitiv nicht. Zeit ist nur eine Erfindung des Menschen, um das Sein in Abschnitte zu zerlegen. Tatsächlich enthält die altdeutsche Ableitung des Wortes „Zeit" die

Bedeutung von aufteilen. Auch im Griechischen bedeutet es „teilen". Der Mensch teilt also sein Sein auf in Etappen, wie bei einem Streckenlauf.

Tatsächlich ist das Leben ja ein Lauf auf einer Strecke von A nach B. Für die Einen wird er zum Marathon, für die Anderen zu einer Hetzjagd, während er für wieder Andere ein Spaziergang ist. Und bei jedem Marathon, bei jeder Wanderung und bei jedem Spaziergang geht es immer darum, an das Ziel zu gelangen – von der Geburt zum Tod.

Aus dieser Sicht heraus bleibe ich sehr gerne bei meiner zeitlosen Lebensform, denn wenn ich ehrlich bin, habe ich es gar nicht so eilig, das Ziel zu erreichen.

Noch ein Gebet …

Gott, großer Geist, ich danke dir für alles, was du mich lehrst und für jede Erkenntnis, die du mir schenkst.

Ich danke dir für deine Führung und bitte dich, mich diese verstehen und annehmen zu lassen.

Danke Gott, dass du mich wissen lässt, dass es nichts zu tun gibt, als nur zu sein.

Ich begreife, dass nichts weiter erforderlich ist, als das anzunehmen, was du mir in jedem Augenblick meines Lebens schenkst. Manches davon ist leicht … anderes schwer, aber alles enthält deine Liebe zu mir.

Ich danke dir dafür.

Und ich danke dir für die Kraft, die du mir dafür gibst.

Ich danke dir für die stille Freude, die daraus entstehen darf und für die Geborgenheit, die sie schenkt.

Ich erkenne mehr und mehr, dass es nichts bedarf. Keiner Lehre, keines Materials, keines Führers, nur der Stille und der Bereitschaft, in diese Stille einzutauchen, um Deine Führung zu erkennen und dich zu verstehen.

Dabei ist die Stille, von der ich spreche, kein Abgeschieden sein, kein Entrücktsein von dieser Welt.

Ich erkenne weiter, dass es ausreicht, still zu werden und jedes „ich will" zu beenden, um das anzunehmen, was du mir anbietest. Dieses kostbare Geschenk des einzigen Augenblicks trägt alles in sich, was es gilt zu sein. Und genau diesen einzigen Augenblick, der vollkommen erfüllt ist vom Sein ... diesen Augenblick ganz bewusst zu leben ... darin findet sich alles, was war, was ist und was immer sein wird.

Dort schweigt jede Begierde ... jedes Verlangen ... jedes Tätigsein.

Es reicht, zu sein. Das ist alles.

Danke

„Gott", sagte ich einmal ..."Gott, bitte erkläre mir die Begriffe: Vater, Sohn und Heiliger Geist. Schon so lange versuche ich zu verstehen, was sie bedeuten. Aber ich begreife sie immer noch nicht. Kannst Du mir bitte helfen?"

Die Antwort kam wie folgt:

„Stell dir vor, du wärst nur Seele oder wie manche es nennen – dein Selbst. Was könntest du tun? Wäre es nicht so, dass du nur „sein" könntest? Du könntest zwar wirken, aber du könntest niemals selbst handeln.

Um handeln zu können, bedarf es eines Instrumentes, welches dieses Handeln ausführt. Das ist der Körper. Sobald du einen Körper besitzt, bist du in der Lage zu handeln. Nun fehlt aber noch ein entscheidendes Element.

Das ist der Geist. Nur durch den Geist bist du

imstande, deinem Körper Befehle zu erteilen, damit dieser diese auch ausführt. So entsteht Handlung.

Du brauchst also – um deine Seele vollkommen zum Ausdruck bringen zu können – einen Körper und einen Geist.

Siehe ... bei mir ist das nicht anders. Auch ich brauche – um mich zum Ausdruck bringen zu können – einen Körper und einen Geist. Es wäre nicht erforderlich, mich zu verkörperlichen. Doch die Menschen müssen etwas sehen, damit sie daran glauben. Alleine deshalb habe ich mir selbst – durch meinen Sohn Jesus – einen Körper gegeben. Und als ich diesen Körper wieder zurücknahm, schenkte ich den Menschen dafür meinen Geist ... den Heiligen Geist.

Ich bin nicht viel anders als du.

Meine Seele / mein Selbst bin ich selbst ... Gott.

Jesus war mein Körper, den ich als Sprachrohr benötigte. Wie sonst hätte ich mich den Menschen mitteilen können, damit sie mit ihren irdischen Ohren hören? Es wäre mir als Seele nicht möglich gewesen. Durch Jesus aber wurde es möglich, mich zu zeigen und selbst zu sprechen.

Jesus hat es gesagt wie folgt: „Philippus, weißt du denn nach all der Zeit, die ich bei euch war, noch immer nicht, wer ich bin? Wer mich gesehen hat, hat den Vater gesehen! Warum verlangst du noch, ihn zu sehen? Glaubst du nicht, dass ich im Vater bin und der Vater in mir ist? Die Worte, die ich euch sage, stammen ja nicht von mir, sondern der Vater, der in mir lebt, wirkt durch mich." (Johannes 14,9)

Nach dem Tod Jesu, gab ich den Menschen meinen Geist. Er ist bis heute bei euch und wird bei euch sein bis Himmel und Erde vergehen. Durch den Geist habe ich die Möglichkeit, nicht nur zu wirken, sondern weiterhin direkten Kontakt zu euch zu halten. Auch dies teilte Jesus euch ganz klar mit: *„Doch wenn der Vater den Ratgeber als meinen Stellvertreter schickt – und damit meine ich den Heiligen Geist – wird er euch alles lehren und euch an alles erinnern, was ich euch gesagt habe." (Johannes 14,26).*

Und nun erkenne, was Vater, Sohn und Heiliger Geist bedeuten.

Alles ist eins. Es ist ebenso eins, wie du als Körper, Geist und Seele eins bist. Nichts ist trennbar. Nur im Zusammenspiel aller drei Begriffe entsteht ein Ganzes.

Ich bin Gott die Gesamtseele, der Schöpfer vom Himmel und der Erde.

Ich bin aber auch Jesus, den ich als meinen Sohn gegeben habe.

Und ich bin der Heilige Geist, der jederzeit bereit ist, dich zu führen.

Das ist alles."

Demütig und andächtig bedankte ich mich und flüsterte leise: „Ja, ich glaube, jetzt habe ich verstanden. Danke."

Was ist eigentlich ein wertvoller Mensch? Ich habe mich sehr intensiv mit dieser Thematik auseinandergesetzt, weil es stets ein großer Wunsch von mir war, ein wertvoller Mensch zu sein.

Zunächst dachte ich, dass ich wertvoll bin, wenn ich mir einen gewissen Respekt und Erfolg erarbeitet habe. Doch das stimmte nicht. Es gab eine Zeit in meinem Leben, in der ich sehr erfolgreich und angesehen war. Doch wertvoller fühlte ich mich deshalb nicht.

Dann dachte ich, ich würde wertvoll werden, wenn ich angepasst und den Menschen stets zu Diensten sei. Doch auch da täuschte ich mich, denn ich stellte schnell fest, dass angepasste Menschen meist keine eigene Persönlichkeit darstellen. Das macht sie zu unehrlichen Menschen, die nicht zeigen, wer sie wirklich sind. Zur Folge hat das dann, dass sie nicht ernst genommen und geachtet werden. Ich hatte zwar weniger Schwierigkeiten im außen, dafür jedoch mehr im Innern, denn dort spürte ich ständig Wut und Unzufriedenheit.

Und dann gab es noch eine Zeit, in der ich überzeugt war, wertvoll werden zu können, indem ich mich so viel als möglich für andere einsetzte. Ich verbrachte Zeit damit, mich im Tierschutz zu engagieren, ich versuchte mich um Menschen zu kümmern und spürte, dass ich nun schon mehr auf der richtigen Spur war, aber immer noch nicht das fand, was ich wirklich suchte. Es gab mir zwar ein gutes Gefühl, etwas bewirken zu können, oft erlebte ich aber auch hier noch viel an Enttäuschung. Also schien auch da etwas nicht zu stimmen.

Irgendwann begriff ich dann, was mich tatsächlich WERT-voll macht.

Es scheint nur einen einzigen Weg zu geben, dies zu erreichen. Nämlich, den WERT nicht im Außen zu suchen, sondern im eigenen Innern.

Also begann ich, zunächst einmal meine persönlichen Schwachstellen zu suchen und aufzuschreiben.

Jede einzelne Schwachstelle musste angesehen und bewusst gemacht werden.

So konnte ich beginnen, an diesen Schwächen zu arbeiten und sie in Werte umzuwandeln.

Wir alle haben „niedere Triebe".

WERTvoll werden heißt, diese Triebe mehr und mehr zu überwinden.

Das ist Arbeit – richtige Arbeit.

Ich bin noch lange nicht so WERTvoll, wie ich mir das wünsche, aber ich habe meinen Weg gefunden, diesem Ziel immer ein wenig näher rücken zu können. Das Ziel liegt dort, wo nur noch Liebe und Mitgefühl vorherrschen und das nicht, weil ich mich dazu zwinge, dies zu fühlen, sondern weil ich es mir als inneren WERT erarbeitet habe.

Dann darf ich mich WERTvoll fühlen – tatsächlich voller WERT.

Im Gespräch mit Gott habe ich mir folgendes dazu erklären lassen:

„Jedes unreine Gefühl, jedes niedere Gefühl hat zur Folge, dass der Mensch leidet. Wenn ihr jemanden verletzt durch euren Hass, durch eure Eifersucht oder Neid, dann wird der andere traurig und enttäuscht über euch sein. Doch diese Gefühle werden vergehen. Ihr aber, ihr werdet leiden. Ihr werdet unter euren Gefühlen leiden und darüber hinaus auch noch an eurer Schuld und Scham. Ihr tut also gut daran, all diese Gefühle zu überwinden und euch zu reinigen.

Jedes niedere Gefühl ist Gift für den menschlichen Organismus.

Jeder niedere Gedanke ist wie Fäulnis, welche die inneren Gefäße des Körpers verstopft und verunreinigt. Jeder liebevolle Gedanke wirkt hingegen wie ein Fluss kristallklaren Wassers und reinigt und erfrischt den Organismus. Sobald ihr liebt, seid ihr automatisch im Fluss der Heilung. Deshalb strebt stets danach, in der Liebe zu sein.

Stellst du fest, dass ein unreiner Gedanke in dir ist, so nimm ihn wahr und suche nicht danach, ihn zu verdrängen. Sieh ihn an, verabschiede dich von ihm und entlasse ihn. Tu dies immer und immer wieder. Solange bis dieser Gedanke nicht mehr wiederkehrt. Dazu braucht es Disziplin. Jeder große Meister verfügt über ein hohes Maß an Disziplin. So kann er sich selbst beobachten, kontrollieren und regulieren. Auf diese Weise erkennt er „Wertvolles" und „Niederes" in sich und kann sich bewusst für einen Wert entscheiden.

Im Thomas-Evangelium der apokryphen Evangelien, sagt Jesus so: *„Wer nicht seinen Vater hasst und*

seine Mutter, wird mir nicht Schüler sein können.
Und (wer) seine Brüder (nicht) hasst und seine
Schwestern (und nicht) sein Kreuz trägt wie ich, wird
mir nicht würdig sein."

Zugegeben – eine sehr provokante Aussage. Vor allem für jene, die in ihrer Erziehung „Zucht und Ordnung" gelernt haben; denen beigebracht wurde, dass Vater und Mutter die höchsten Autoritätspersonen sind.

Und nun kommt Jesus daher und stellt eine solche Erziehung in Frage. Er reißt die Mauern ein, die die Gesellschaft errichtet hat, um Kinder zu folgsamen und angepassten Mitbürgern zu erziehen.

Solche Aussagen sind gefährlich. Und noch heute werden Menschen, die sich anmaßen, solche zu tätigen, verfolgt und kritisch beobachtet. Damals schon – vor 2.000 Jahren – hatte das Volk solche Menschen verfolgt und – wie wir alle wissen – hingerichtet. Menschen, die nichts getan haben. Menschen, die lediglich die Wahrheit gesprochen haben. Menschen, die den Mut hatten, errichtete Mauern der Lüge nieder zu reißen. Jesus war einer von ihnen.

Und heute beten die Menschen ihn an. Sie rennen in Gebäude, namens Kirche und versuchen, ihn dort einzusperren. Welch ein Witz. Sie lauschen einem, den sie Pfarrer oder Priester nennen und der von einem erzählt, der einst der Wahrheit wegen verfolgt wurde. Warum nur? Wenn man doch Jesus noch heute der Lüge bezichtigt und ihn für einen Spinner hält? Wäre dem nicht so, würde man dann nicht die Wahrheit predigen?

Doch was ist die Wahrheit?

Die Wahrheit ist, dass die Wahrheit von Institutionen, wie der Kirche, verleugnet wird. Würde man Kirchen als Orte errichten, an welchen Wahrheit verkündet werden dürfte und an denen Menschen zu Gott geführt würden, anstatt ihnen Angst vor ihm zu machen, so würden sich die Kirchen wieder füllen, denn fast jeder sucht nach dieser Wahrheit. Religion würde dann endlich in die Freiheit führen, statt – wie bisher – in die Knechtschaft.

Ich möchte an dieser Stelle zur Wahrheit zurückkehren.

Jesus sagte also, dass keiner sein Schüler sein

kann, der nicht Vater und Mutter hasst. Im ersten Moment erschrickt man freilich über eine solche Aussage – dazu noch ausgesprochen von Jesus, dem Sohn Gottes. Jesus aber liebte die Provokation. Er war ein Rebell. Ein Rebell der Liebe und des Friedens. Ohne eine gewisse Provokation – das wusste er – erreicht man das Innere der Menschen nicht.

Und so werden sicher auch ganz viele Menschen durch diese Aussage wachgerüttelt. Sei es auch nur über das Entsetzen, welches diese Worte auslösen. Mütter und Väter empören sich darüber, dass Jesus ihren Kindern den Rat gibt, sie zu hassen … wenn sie seine Schüler werden wollen. Welche Unverschämtheit. Wer ist dieser, der solche Ratschläge erteilt?

Er ist weise … sehr, sehr weise und er weiß ganz genau, was er tut. Im Gegensatz zum Volk, welches eben in großen Teilen nicht versteht.

Jesus möchte ganz klar, dass ein Kind – wenn es erwachsen wird und Authentizität erlangen möchte – Vater und Mutter verlässt. Denn ist ein Kind länger an seine Eltern geBUNDEN, als es sie braucht, wird es nicht frei, es selbst zu sein. Bindung bedeutet immer Abhängigkeit in irgendeiner Form. Wollen wir aber selbständig und mündig werden, benötigen wir diese Freiheit. Wir müssen uns trennen von dem, was andere uns beibrachten, weil sie „glaubten" dass dies das Beste für uns sei. Tatsächlich wissen nur wir selbst, was das Beste für uns ist. Dies gilt es nun zu hinterfragen, zu analysieren und ggf. zu ändern. Sind wir jedoch nicht frei und hängen noch an etwas oder jemandem an, erlauben wir uns nicht, dies zu tun, weil wir fürchten, Mutter oder Vater zu verletzen, in dem wir sie und ihre Meinung in Frage stellen.

Hassen ist vielleicht ein sehr hartes Wort dafür. Aber wenn wir einmal davon ausgehen, dass wir unsere Eltern lieben, bedeutet Hass lediglich den Gegenpol davon. Um von jemandem loszukommen, den wir lieben, müssen wir diesen oft hassen, weil wir anders nicht die erforderliche Distanz zu ihm herstellen und so eine Trennung vollziehen können. Später dann – wenn wir uns selbst gefunden haben – wird sich dieses Gefühl neutralisieren und danach in eine andere, neue Form der LIEBE übergehen.

Also ist alles in allem gesehen, das ganze als Prozess der Umwandlung gedacht und dieser Hass, den wir da in Jesu Worten lesen, nur eine Zwischenstation, die nötig ist, um eine „größere" Liebe zu erschaffen. Davon profitieren schlussendlich alle Beteiligten.

Wie ist obige Aussage nun mit dem Gebot „du sollst Vater und Mutter ehren" in Einklang zu bringen? Dies geht nur dann, wenn wir alles zusammen in einem größeren Zusammenhang betrachten. Die Auswirkung der Aussage ist es, die zu der wahren Ehrung der Eltern führt. Erst wenn wir uns selbst die Ehre geben dürfen, uns zu achten, sind wir auch fähig, andere zu achten und zu ehren. Erst wenn wir unsere „wahren" Eltern (Gott – Vater/Mutter) gefunden haben, sind wir auch fähig, unseren irdischen Eltern wahre Ehre und Achtung zuteil werden zu lassen.

Der Text geht noch ein bisschen weiter. Es ist weiter die Sprache davon, dass nur der würdig ist, die Lehren Jesu zu empfangen, der ebenfalls sein Kreuz auf sich nimmt und trägt – wie Jesus es getan hat.

Nein … keiner soll hier gekreuzigt werden und sich derart aufopfern. Das ist damit überhaupt nicht gemeint. Jesus meint nur ganz schlicht, dass wir alle – wenn wir ihn verstehen und von ihm lernen wollen – unser Kreuz auf uns nehmen sollen. Das bedeutet: wir sollen ohne zu murren und zu klagen annehmen, was das Leben für uns bereit hält und unseren Lebensplan so annehmen, wie auch er ihn angenommen und gelebt hat. Dazu zählen selbstverständlich auch Trauer, Schmerz und Leid. Kein Leben ist nur leicht und schön. Die Kunst zu wachsen und zu reifen, besteht darin, ALLES anzunehmen und darauf zu vertrauen, dass es notwendig ist, so wie es ist. Später dann dürfen wir erkennen, wie gut und wichtig es war, dass wir gerade das so erlebt haben. Das ist Vertrauen. Das ist gelebter Glaube.

Jesus fordert uns auf: „Folgt mir nach – nehmt euer Kreuz auf euch" … nicht weil er uns schikanieren will, nicht weil er uns leiden sehen möchte. Nein, weil er uns lehren und unterrichten will, weil er will, dass wir wachsen … hin zu Gott … hin zu reiner und bedingungsloser Liebe und hin zu Freiheit.

Das ist die Botschaft.

Es war der Tag, an dem ich mein geliebtes Katerchen beim Tierarzt erlösen ließ. Es war für mich eine Entscheidung, die sich über mehrere Wochen hinzog. Täglich habe ich mich neu damit auseinandergesetzt und manche Nacht habe ich wach gelegen und mich gefragt, was richtig ist

Zuvor hatte ich immer wieder gebetet. Immer wieder hatte ich Gott gebeten, unseren Kater doch zuhause einschlafen zu lassen. Er war doch so alt und so lange in unserer Familie, wie noch nie ein Tier zuvor. Doch Minouchen wollte nicht sterben. Der Sterbeprozess zog sich endlos dahin. Am Tag, als ich ihn erlösen ließ, wog er nicht einmal mehr ganze 2 Kilo. Ich sah dem Dahinscheiden Tag für Tag zu. Jeden Abend nahm ich den Katzentransportkorb, in dem das Tierchen lag und stellte ihn neben mein Kopfkissen, damit ich Minou bei mir hatte. Ich schlief mit einer Hand im Katzenkorb, dass – falls er sterben würde – er meine Hand spürte.

Doch er wollte nicht. Am nächsten Morgen nahm er wieder alle Kraft zusammen, spazierte zielstrebig aus seinem Körbchen, trank einen kleinen Schluck Wasser und torkelte dann wie ein Betrunkener in sein Katzenklo. Dann schleppte er sich zurück auf seinen Platz. Drei Mal war ich mit ihm beim Tierarzt, weil ich nicht wusste, was ich tun sollte. Dieser bestätigte mir aber immer wieder, dass dies der normale Sterbeprozess eines Tieres sei und mein Minou keine Schmerzen habe. Also nahm ich ihn immer wieder mit nach Hause. An einem Montagmorgen war es dann aber so schlimm, dass ich meinen Sohn bat, sich von ihm zu verabschieden. Ich ahnte, dass ich ihn dieses Mal nicht mehr mit nach Hause bringen würde. Der Tierarzt und ich beschlossen, ihn sanft hinübergehen zu lassen.

Ich fuhr dann mit dem mageren Körperchen nach Hause und heulte wie ein Schlosshund. Ich schnappte die Hunde und lief mit ihnen ziellos durch die Wälder und haderte mit Gott. Immer wieder schluchzte ich vor mich hin: „Warum nur kannst du kein Gebet von mir erhören? Warum durfte Minou nicht zu Hause bei mir einschlafen? Du weißt, dass ich keinem Tier diese Spritze geben möchte, sondern immer einen natürlichen Tod will."

Ich hörte auf zu heulen und blieb stumm, als die Antwort mit strengen Worten kam: „Was beklagst du dich? DU hast gehandelt. Du batest mich darum, Minou zuhause sterben zu lassen. Warum hast du nicht MEINE Zeit abgewartet?"

Könnt ihr euch vorstellen, wie klein ich wurde?

Ich erkannte meinen Fehler.

Ich erkannte, dass nicht Gott mein Gebet nicht erhört, sondern, dass ich ihm ins Handwerk gepfuscht hatte. Ich war es, die seine Pläne durchkreuzt hatte. Ich hatte ihn darum gebeten, uns diesen Wunsch zu erfüllen, was er auch getan hätte. Dabei wollte ich ihm die Zeit vorschreiben, in der er zu handeln hatte, anstatt seiner Weisheit und seiner Weitsicht zu vertrauen. Er wusste, wann die Zeit für Minou gekommen wäre.

Ich hatte mich tatsächlich zu Gott gemacht und wollte IHM Vorschriften machen.

So sind wir Menschen.

Wir beten und bitten Gott um dieses und um jenes. Gleichzeitig aber zeigen wir ihm, dass wir kein

Vertrauen haben. Wir warten nicht ab, bis er wirkt, sondern meinen, wir müssten selbst eingreifen und unser Schicksal in die Hand nehmen. Wie unendlich schwer ist es doch, dieses Vertrauen wirklich zu leben, sich wirklich darauf einzulassen und nicht nur zu glauben, sondern in sich auch die Gewissheit zu besitzen, dass Gott für alles sorgt – wenn wir ihn nur lassen!

Und so dürfen wir getrost sein Versprechen annehmen, dass er für uns sorgen wird. Wir dürfen unsere Sorgen und unsere Last niederlegen und alles abgeben, was uns so sehr bedrückt. Wir dürfen unseren Kampf aufgeben. Ja, wir müssen ihn sogar aufgeben, um nicht Gottes Wege zu blockieren. Auch wenn seine Antwort auf unser Gebet zunächst nicht so aussieht, als hätte er es erhört, so können wir dennoch getrost davon ausgehen, dass er JEDES Gebet hört. Auch wenn er uns manchmal nicht gibt, um was wir gebeten haben. Manchmal müssen wir etwas hinnehmen, ohne es zu verstehen.

Im Fall von unserem Katerchen bin ich ausgesöhnt. Ich habe Gottes Antwort verstanden, sehe mein Handeln aber nicht als schuldhaft an. Ich wollte mit diesem Beispiel nur sichtbar machen, wie wir selbst in unsere eigenen Gebete eingreifen und danach Gott dafür verantwortlich machen.

Wir dürfen selbst Entscheidungen treffen. Diese Vollmacht haben wir von ihm bekommen. Aber wir müssen dann auch zu unseren Entscheidungen stehen. So wie in meinem Fall. Ich kann heute dazu stehen, weil ich gehandelt habe aus Liebe und nach sehr langer, reiflicher Überlegung.

Wohl dem, der sein Gebet spricht und dann Geduld erlernt.

Liebe und Hass liegen nah beieinander. Der Grat dazwischen ist schmal und schnell hasst man den, den man doch eigentlich liebt, wenn man sich von diesem verletzt fühlt.

Ich habe diese beiden Gefühle für mich untersucht und überlegt, ob sie Gegenpole darstellen. Zunächst dachte ich, dass Liebe und Hass Gegenspieler seien und genauso zusammen gehören wie Licht und Schatten und dass Liebe das Gegenteil von Hass ist. Jedoch bin ich auf etwas ganz anderes gestoßen.

So glaube ich nicht, dass Hass das Gegenteil von Liebe ist. Vielmehr glaube ich, dass Angst das Gegenteil von Liebe ist. Eigentlich möchte man meinen, Angst sei das Gegenteil von Mut und vielleicht ist das auch in unserer Vorstellung so. Aber ich bin davon überzeugt, dass Angst ein UR-Gefühl ist – wie auch die Liebe ein UR-Gefühl ist.

Vielleicht wie Jesus und Satan. *(Ich – persönlich – sehe Satan als das zerstörerische im Menschen und in der Welt und Jesus als das erlösende und aufbauende. Beides drückt für mich die Welt des Dualismus aus, in der wir uns befinden – negativ / positiv).*

Jesus steht für das Helle, für das Lichte ... für die LIEBE. Sie bringt Freiheit und Leichtigkeit. In ihr finden wir alles, was uns aufrichtet und frei macht.

Satan hingegen steht für das Dunkle ... für die Angst.

Sie bringt Gefangenschaft und Schwere. In ihr finden wir alles, was uns niederdrückt und versklavt.

Allem Dunklen aber liegt ein UR-Gefühl zugrunde. Und das ist die Angst. Hass entsteht erst aus der Angst, so wie Neid, Eifersucht, Intrigen, Gier, Gewalt und Lästerei.

Und unfassbar ... um all das zu überwinden, müssten wir zunächst einmal die Angst vor der Angst überwinden. Wir haben Angst vor dieser Angst. Wir habe Angst, unsere Angst zu spüren, weil sie so unangenehm ist, weil sie schmerzhaft ist und weil wir glauben, dass sie uns zerstören könnte. Ja, es geht soweit, dass wir uns von unserer eigenen Angst knechten lassen. Und schon sind wir in der Hand des Destruktiven. Schaut – wie mächtig es ist.

Was passiert, wenn wir nun plötzlich LIEBE fühlen? Wenn wir uns plötzlich sicher und geborgen in der LIEBE vorfinden? Wenn wir die Leichtigkeit allen Seins spüren? Das was vorher noch eng war und uns kaum atmen ließ, löst sich plötzlich und macht einer unvorstellbaren Weite Platz. Wir können wieder atmen und der Lebensstrom erfüllt uns mit wunderbarer Lebendigkeit und Leben.

Hier – in diesem Zustand – ist kein Hass mehr möglich ... kein Neid, keine Eifersucht, usw. Probiert es selbst aus. Wo eine Energie ist, kann keine andere sein. Sie kann immer nur im Wechsel stattfinden. Wenn also Angst da ist, fehlt es an Liebe. Ist die Liebe da, ist der Platz besetzt und die Angst muss weichen.

Was können wir nun also daraus schlussfolgern?

Die stärkste Waffe gegen jede Form von Dunkelheit ist die LIEBE.

Betrachtet beim nächsten Auftauchen destruktiver Gefühle diese in diesem Zusammenhang und erkennt. Wenn ihr eifersüchtig seid, so seht, dass die Eifersucht nichts anderes ist, als die Angst vor dem Vergleich. Wenn ihr neidisch seid, erkennt, dass der Neid nur die Angst davor ist, zu kurz zu kommen. Wenn ihr das Bedürfnis habt, zu lästern, seht dass sich dahinter die Angst verbirgt, kleiner als andere zu sein. Wenn ihr eine unbändige Gier empfindet, lasst es zu, dass sich Euch nur die Angst vor Armut oder Verlust zeigt und wenn ihr Hass verspürt, so seht die Wirklichkeit ... es ist die Angst, etwas zu verlieren, etwas das ihr meint, sehr zu brauchen. Und dies kann durchaus auch Achtung und Anerkennung sein.

Immer findet sich hinter all diesen schmerzlichen Gefühlen Angst.

Und wenn ihr es jetzt wagt, noch einen kleinen Schritt weiter mit mir zu gehen, dann erkennt ihr hinter der Angst immer die letzte, große Angst ... die Angst vor dem allerletzten Loslassen ... vor dem Tod.

Seid ihr aber in der LIEBE und spürt diese Weite und Freiheit in Euch, so erkennt ihr, dass es in ihr keinen Tod gibt. Die Liebe überwindet den Tod. Liebe ist ein Kind der Freiheit. Liebe bedingt immer wieder Loslassen und erst wenn wir wirklich alles losgelassen haben und nicht mehr unser Eigen nennen, hat die Liebe die Möglichkeit, sich zu schenken.

Angst gebiert immer wieder neue Angst und macht enger und enger. Liebe hingegen zieht immer mehr Liebe an und öffnet unsere Herzen in ungeahnte Weiten.

Der Hass ist also nicht mehr länger Hass, sondern nur eine der Masken der Angst. Es ist eine Sache von Bewusstsein, dies zu erkennen. Wo die Angst ist, fehlt Liebe. Fang heute noch an zu lieben und alles wird sich auf wundersame Weise wandeln.

Wie oft fragen wir uns, ob uns unser Partner auch wirklich liebt? Oder unsere Kinder, unsere Tiere oder ob unsere Kollegen uns mögen.

Wir sind so abhängig von der Gunst anderer, dass wir ihre Gefühle uns gegenüber zu einem Gradmesser werden lassen für unser Selbstbild. Natürlich wollen wir alle anerkannt und geliebt werden. Wer will das nicht? Aber es sollte nicht der Wertemesser dafür sein, wer oder was wir sind.

Ich habe gelernt, dass ich in den Momenten, in denen ich unsicher war und von anderen gerne gehört hätte, dass sie mich lieben ... mich selbst verlassen hatte. In jenen Momenten habe ich mich selbst nicht mehr gespürt und hoffte, mich über andere wieder fühlen zu können. Wenn ich mich aber selbst nicht gespürt habe, so war das ein Zeichen, dass ich mich in diesen Zeiten von Gott abgewandt hatte. Die natürliche Verbindung zu ihm war gestört Ich war abgeschnitten von SEINER Liebe und somit von der Urquelle meines Seins.

Aus genau diesen Erfahrungen habe ich weiter gelernt, dass ich in solchen Zeiten etwas tun kann. Ich kann zum Einen für mich sorgen, indem ich mich liebevoll MIR zuwende. Ich kann aber auch die gleiche Frage, die ich gerne nach Außen gestellt hätte, umkehren und mich einfach selbst fragen: „Liebe ICH genug?" Liebe ich meinen Partner genug? Meine Kinder? Meine Tiere? Meine Arbeitsstelle? Und darüber hinaus: Liebe ich IHN (Gott) genug?

Liebe ich Gott, als den Schöpfer aller Dinge, so muss ich unweigerlich ALLES lieben, was er geschaffen hat. Ist meine Liebe jedoch zu schwach, alles lieben zu können, dann liebe ich Gott einfach noch nicht genug. Es ist so – ohne Zweifel.

Somit kann es nur einen einzigen Weg eben, um zu Liebe und Frieden zu gelangen. Dieser heißt: IHN lieben. IHN so lieben, bis nichts mehr ausgeschlossen ist … bis alles so geliebt werden kann, wie er es von allem Anfang an getan hat.

Eine schwere Aufgabe.

Und doch … die einzig wahre.

Anstatt uns fortan zu fragen, ob uns dieser oder jener liebt, achtet oder respektiert, müssen wir anfangen umzudenken und uns fragen, ob WIR ihn oder sie lieben, achten und ehren. Wir müssen zunächst einmal uns selbst hinterfragen und wenn WIR uns unserer Liebe sicher sind, werden wir erstaunt feststellen, dass wir die Frage nach Außen gar nicht mehr stellen müssen. Denn wenn wir in der wahren Liebe sind ist es nicht mehr erforderlich zu wissen, ob andere uns lieben, sondern WIR lieben SIE einfach. Unabhängig davon, was sie uns entgegenbringen.

Liebe ich Gott – liebe ich automatisch mich.

Liebe ich mich – dann liebe ich automatisch Gott.

Das ist nicht zu trennen, denn Gott ist Teil von mir und ich bin Teil von Gott

Das ist der einzige Grund, warum Selbstliebe so wichtig ist.

Wenn wir uns zu Gott bekennen, so sollten wir auch bereit sein, ihm den ersten Platz in unserem Leben einzuräumen.

Alles, was wir tun, sollten wir in Einklang mit IHM tun.

Bei allem, was wir tun, um SEINEN Segen bitten.

Jede Entscheidung, die wir treffen, sollten wir vorher mit ihm besprochen haben und jede Sorge ihm überlassen.

Alles Schöne, was wir erleben dürfen, sollte uns Dank an ihn wert sein.

Alles Traurige sollten wir als Teil seines großen Planes akzeptieren.

Und jede Lehre, die wir empfangen, erkennen als von ihm geschenkt.

Es gibt kein lauwarmes Dazwischen.

Wir können Gott ebenso wenig nur ein bisschen lieben, wie wir auch nicht nur ein bisschen schwanger sein können.

Die Entscheidung muss klar und fest getroffen werden.

Entweder für ihn oder gegen ihn.

Dazwischen gibt es nichts.

Entscheiden wir uns für ihn, so gehen wir eine Beziehung mit ihm ein. Und wenn es uns ernst damit ist, muss diese Beziehung die oberste Priorität in unserem Leben haben. Selbst Kinder, Eltern und Partner stehen dem nach.

Haben wir erst einmal erkannt, dass all diese Beziehungen und das, was sie uns lehren, von ihm sind, kommen wir nicht umhin, anzuerkennen, dass ER so oder so immer an erster Stelle steht.

Natürlich haben wir auch die Möglichkeit, ihn abzulehnen.

Gott möchte gerne, dass wir ihm den ersten Platz in unserem Leben schenken.

Aber er besteht nicht darauf und hat uns einen freien Willen gegeben.

Wenn wir ihn nicht haben wollen in unserem Leben, so hält er sich fern. Er lässt uns freien Lauf und überlässt es uns, was wir statt ihm an die erste Stelle setzen. Allerdings erwartet er dann auch von uns, dass wir dafür die volle Verantwortung übernehmen und nicht hinterher kommen und uns bcklagen.

Doch selbst dann lässt er uns nicht fallen, sondern lenkt diese Erfahrung in eine Lehre um. Statt uns auszulachen oder uns zu verschmähen, zeigt er uns die Konsequenzen unseres Verhaltens auf. Und wen Gott zurechtweist, den liebt er.

Jede Lehre, die uns erteilt wird, kommt aus reiner Liebe von IHM.

Wollen wir uns weiterentwickeln, sollten wir auch offen genug sein, seine Kritik anzunehmen. Durch streicheln heilt man nicht. Heilung geschieht immer durch Erkenntnis. Manchmal tut Erkenntnis durchaus weh. Doch Schmerz ist immer die erste Phase im Heilungsprozess.

Wer sich Gott zum Freund macht, wird nie mehr im Leben ohne Freund sein.

Wer sich Gott zum Vertrauten macht, wird nie wieder auch nur eine Sorge alleine tragen müssen.

In einem Buch von Peter Schellenbaum *(Die Wunde der Ungeliebten)*, habe ich einmal diesen Satz gelesen: *„Die Intensität des Drucks, unter dem wir gerade stehen, ist der Gradmesser für die Intensität des Dranges, der sich aus uns befreien will."*

Wenn ein Mensch seinen inneren Druck spüren würde, so hätte er also ein Messgerät – wie Peter Schellenbaum es in seinem Zitat beschreibt

Das Problem jedoch ist, dass die meisten Menschen den in ihnen wirkenden Druck gar nicht mehr spüren, weil sie sich schlichtweg an ihn gewöhnt haben. Das ist das eigentlich Tragische. Sie leben jeden Tag auf´s Neue mit diesem und merken gar nicht, was sie sich antun.

Viele von ihnen hätten Gelegenheit, ihrem inneren Druck auf die Schliche zu kommen. Sie müssten sich nur einem ihrer sich zeigenden Krankheitsbilder stellen

Da gibt es zum Beispiel den Blut-hoch-DRUCK.

Oder die Migräne ... den DRUCK im Kopf.

Da wäre zu nennen ... der DRUCK im Magen.

Oder der Star mit ... erhöhtem Augen-DRUCK.

Wer kennt ihn nicht ... den DRUCK auf den Ohren?

Viele Krankheiten gehen mit Druck einher. Und viele Krankheiten erfolgen erst durch inneren Druck. Druck ist eine der häufigsten Ursachen, die den Menschen krank machen. Anhand des Symptoms darf der Mensch schlussendlich erkennen, an was er im Inneren leidet. Druck entsteht immer dort, wo etwas nicht mehr FREI fließen kann. Die Erlösung läge nun darin, diese Blockade zu finden, um sie wieder in „Fluss" zu bringen. So könnten wir uns von Druck befreien und wieder durchlässig werden.

Je stärker der Druck ist, desto größer ist also unser Wunsch, lebendig zu sein. Im Allgemeinen wird ja auch vom sog. Leidens-DRUCK gesprochen. Erst wenn der Leidens-DRUCK eines Menschen so groß ist, dass er ihn nicht mehr aushält, ist er in der Regel bereit, etwas dagegen zu tun. Wenn er dem nicht nachgibt und diesen unberücksichtigt lässt, riskiert er, daran zu sterben.

Wir haben also die Wahl.

Was ist zu tun?

Wir müssen mutig werden. Mutig, uns den Druck anzuschauen, den wir haben. Entweder, ihn direkt zu spüren oder aber unsere Krankheitsbilder zu betrachten und zu erkennen, wo wir suchen müssen.

Erst wenn wir den Druck erkannt und gespürt haben, können wir aktiv mit und an ihm arbeiten und so in die Ent-SPANNUNG (Ende der Spannung) gelangen.

Nehmen wir als Beispiel den Druck auf den Ohren. Vielleicht macht sich dieser als Tinnitus bemerkbar. Auf jeden Fall ist das „hören" empfindlich gestört und ein Druck liegt auf den Ohren. Wir könnten uns nun fragen: „Was wird mir gesagt, was mich unter Druck bringt und was ist es, was ich lieber nicht hören möchte?"

Ich bin sicher, wenn wir ehrlich genug uns selbst gegenüber sind, werden wir bald die Antwort darauf wissen.

Spürt in euch hinein, an welcher Stelle ihr Druck empfindet. Fühlt euch ganz In diesen hinein und lasst ihn zunächst einmal in seinem vollen Umfang zu. Wenn er auf seinem Höhepunkt angelangt ist, werdet ihr die Spannung erkennen und sie wird einer wohligen ENT-Spannung weichen. Wie eine Welle, die auf ihrem höchsten Punkt bricht.

Druck ist notwendig, um neues zu gebären. Schaut euch die Natur an. Wie soll ein Kind auf die Welt kommen, wenn es nicht DRUCK entwickelt? Wenn es nicht den unbändigen Wunsch in sich trägt, sich zu befreien?

Wie soll eine Eierschale aufbrechen, wenn das Küken darin nicht DRUCK anwendet, um sich zu befreien?

Wie soll eine Knospe sich öffnen ohne DRUCK und ihre Schönheit entfalten?

Druck ist also immer ein Weg in die Befreiung.

Über nichts habe ich mir in der vergangenen Zeit so viele Gedanken gemacht, wie über das richtige Beten. Für mich hat Beten schon immer bedeutet, mit all meinen Gedanken zu Gott kommen zu können. Mit allem bin ich vor ihn getreten … mit kleinen und großen Anliegen. Doch bin ich auch zu ihm gekommen in Dankbarkeit. Ich habe stets auch meine tiefste Freude mit ihm geteilt und nicht selten bin ich den Weg entlang gehüpft … statt gegangen

Tief getroffen hat es mich aber, als meine Gebete nicht erhört wurden, als ich so verzweifelt am Bett meines Lebensgefährten saß und Tag und Nacht nur darum bat, dass er überlebt und zurückkommen darf. Es war so schwer, Gott zu verstehen … so schwer.

Doch selbst in dieser schrecklichen Situation, hat Gott zu mir gesprochen. Was er mit damals mitgeteilt hat, bleibt in meinem Herzen, denn es war einzig und allein für mich bestimmt. Und erst später, als sich die Schockstarre allmählich in mir auflöste, fing ich an zu hinterfragen und zu begreifen.

Die Frage, die ich immer wieder wiederholte war: „Gott, warum soll ich zu dir beten, wenn du sowieso tust, was du willst?"

Zunächst kam keine Antwort. Ich wurde mit dieser Frage erst einmal eine Zeit lang alleine gelassen. Und so schob ich sie hin und her und hinterfragte immer wieder den Grund des Betens.

Dann eines Tages kam die Antwort spontan, wie es oft bei Gott völlig überraschend geschieht. Ich schreibe sie so, wie ich sie empfangen habe:

„Es stimmt. In diesem Fall ist deine Frage berechtigt. Warum sollst du beten, wenn ich ohnehin tue, was ich will? Aber höre, was ich dir sage. Es gibt gewisse Punkte eines Lebens, die feststehen. An ihnen ist nichts zu ändern – auch nicht durch ein Gebet. Ich habe dich gelehrt, dass es deine Aufgabe ist, dein Ego zu überwinden, auf dass MEIN Wille geschehe. Dies schließt mit ein, dass du diesen – meinen Willen – respektierst und annimmst. Auch wenn er dir einmal nicht gefällt. Genau das aber erwarte ich von dir .. dass du mir eben in JEDER Situation volles Vertrauen schenkst. Deshalb möchte ich dich das richtige Beten lehren. Hör auf zu wünschen und um das zu bitten, was dein Ego möchte. Bete IMMER darum, dass du meinen Willen erkennen und annehmen kannst. Bete um Kraft, diesen zu akzeptieren. Bete darum, trauern und so deine Seele reinigen zu können. Bete darum, dass du trotz allem Schmerz die Schönheit sehen kannst, die ich dir schenke. Bete dafür, dass du mir und meinem Handeln glauben kannst. Bete immer so, dass du anerkennst, dass du durch alles, was ich in deinem Leben geschehen lasse, etwas sehr Wertvolles empfängst. Dieser Wert ist mit Worten nicht auszudrücken. Du weißt es."

Ja, ich wusste es. Ich spürte es bereits schon vorher in mir. Ich wusste, dass es Gebete gab, die nicht erhört wurden, weil Gott seine Gründe dafür hat. Und ich begann stolpernd Gottes Entscheidung zu akzeptieren und sagte ihm: „Ok, wenn es so sein muss, dann werde ich versuchen dir zu vertrauen. Ich weiß, du machst keine Fehler und ich weiß, dass alles, was du tust, immer richtig ist. Einst habe ich dir versprochen, dass ich deinen Willen über meinen stellen möchte. Und jetzt werde ich diese Prüfung annehmen."

Kurz darauf beobachtete ich meine Gebete und ertappte mich dabei, wie ich Gott darum bat, dass er dafür sorgen möge, dass mein Freund auf der anderen Seite auf mich warten und mich nicht vergessen soll. Ich musste schmunzeln, denn wieder ging es einzig um „meinen" Willen.

Natürlich wollen wir. Wir sind Menschen und als Menschen sind wir nun einmal mit einem Ego ausgestattet. Das gehört mit zu diesem Erdenleben. Genau aus diesem Grunde ist es ja so unsagbar schwer, SEINEN Willen anzuerkennen und diesem zu folgen. Es erfordert wirklich sehr viel Vertrauen und Hingabe. Aber ich verstand mehr und mehr, um was es beim Beten wirklich geht. Ich zog mich daraufhin zurück und bat Gott darum, mich völlig frei zu machen. Ich bat ihn, mich von allem zu lösen, was mich in irgendeiner Form unfrei macht. Ich bat ihn, alle Stricke zu lösen, mit denen ich mich selbst gebunden habe oder die mir andere angelegt haben, um mich zu binden. Ich bat ihn, das zu segnen und zu bewahren, was in Liebe mit mir verbunden ist. In dem Moment verstand ich, dass alles, was wirklich in Liebe mit mir verbunden ist, immer bleiben wird – auch über den Tod hinaus.

Ich fand zurück zu meinem Seelenfrieden und trage diese wichtige Botschaft nun in meinem Herzen. Beten muss völlig frei sein von persönlichem Begehren. Jedes unserer Gebete wird gehört, nicht aber jedes wird erhört. Wenn wir den Willen Gottes als oberste Priorität respektieren, macht Beten Sinn. Dann können wir Gott jeden Wunsch bringen und auch um Heilung oder finanzielle Unterstützung bitten. Wir sollten aber in jedem Fall hinter jedes Gebet anfügen: DEIN Wille geschehe. Und wenn dieser nicht unserem entspricht, dann müssen wir darauf vertrauen, dass er trotzdem richtig und wichtig für uns ist ... auch wenn wir das in diesem Moment nicht erkennen können ... auch wenn es gerade sehr schmerzhaft ist.

In diesem Text möchte ich ein bisschen etwas über meine Auffassung zu den Chakren schreiben. Es ist sehr schwierig und ich weiß, dass sehr viele meine Meinung nicht teilen. Dennoch kann ich nur meiner eigenen inneren Stimme folgen.

Zur Einführung beginnen wir mit der Zahl "7", die scheinbar in nahezu allen Kulturen eine ganz besondere Rolle spielt. Im Koran z.B. wird an vielen Stellen von den "sieben Himmeln" gesprochen:

(Sure 41, 12 Und er bestimmte, dass es sieben Himmel sein sollten, (und erschuf diese Himmel) in zwei (weiteren) Tagen. Und in jedem Himmel gab er die Weisung über das, was darin geschehen sollte. Und den unteren (w. den (der Erde) nächsten) Himmel versahen wir mit dem Schmuck von Lampen und (bestimmten diese auch) zum Schutz.

In der christlichen Tradition gibt es die „sieben Weisungen" des heiligen Geistes: *Einem wird gegeben durch den Geist, zu reden von der Weisheit; dem andern wird gegeben, zu reden von der Erkenntnis nach demselben Geist; einem andern der Glaube in demselben Geist; einem andern die Gabe, gesund zu machen in demselben Geist; einem andern Wunder zu tun; einem andern Weissagung; einem andern Geister zu unterscheiden; einem andern mancherlei Sprachen; einem andern, die Sprachen auszulegen. Dies aber alles wirkt derselbe eine Geist und teilt einem jeglichen seines zu, nach dem er will. (1. Korinther 12, 8-11)*

Vorausgesagt wurde dies bereits im Alten Testament bei Jesaja 11, 1-2 *(Und es wird eine Rute aufgehen von dem Stamm Isis und ein Zweig aus seiner Wurzel Frucht bringen, auf welchem wird ruhen der Geist des Herrn, der Geist der Weisheit und des Verstandes, der Geist des Rates und der Stärke, der Geist der Erkenntnis und der Furcht des Herrn.*

7 Tage hat eine Woche.

Der Mond tritt alle 7 Tage in eine neue Phase.

Der Regenbogen besitzt 7 Farben.

Wir sprechen von 7 Weltmeeren.

Und auch von 7 Weltwundern.

Die Schöpfungsgeschichte zählt 7 Tage.

Die Helden der Edda wanderten 7 Tage.

Theresia von Avila spricht von den 7 Burgen des Inneren.

Bei dem persischen Dichter Attar wandelt die Seele durch 7 Täler.

Buddha suchte sein Heil 7 Jahre lang.

In Indien verehrt man die 7 Kühe der höchsten Himmelsräume.

Und es gibt noch massenhaft andere Beispiele.

Wie wir also sehen, besitzt die Zahl 7 eine recht hohe Bedeutung im Sinne von „Vollendung". Nach Ablauf von 7 Einheiten ist stets eine Entwicklung abgeschlossen und es folgt etwas Neues.

Die für mich eindrücklichste und bedeutendste Darstellung der „sieben" habe ich noch nicht erwähnt. Aber genau um ihn wird es hauptsächlich hier gehen. Es ist der siebenarmige Leuchter, der auch heute noch eine hohe Bedeutung im Jüdischen besitzt. Dieser Leuchter heißt „Menora" und wird genaustens in 2. Mose 25, 31-40 beschrieben:

Du sollst auch einen Leuchter von feinem, getriebenem Golde machen; daran soll der Schaft mit Röhren, Schalen, Knäufen und Blumen sein. Sechs Röhren sollen aus dem Leuchter zu den Seiten ausgehen, aus jeglicher Seite drei Röhren. Eine jegliche Röhre soll drei offene Schalen mit Knäufen und Blumen haben; so soll es sein bei den sechs Röhren aus dem Leuchter. Aber der Schaft am Leuchter soll vier offene Schalen mit Knäufen und Blumen haben und je einen Knauf unter zwei von den Sechs Röhren, welche aus dem Leuchter gehen. Beide, die Knäufe und Röhren, sollen aus ihm gehen, alles getriebenes, lauteres Gold. Und sollst sieben Lampen machen obenauf, dass sie nach vorne hin leuchten, und Lichtschneuzen und Löschnäpfe von feinem Golde. Aus einem Zentner feinen Goldes sollst du das machen mit allem diesem Gerät. Und siehe zu, dass du es machst nach dem Bilde, das du auf dem Berge gesehen hast.

Auf diesen Leuchter werde ich noch näher eingehen. Zunächst jedoch ein paar Worte zu den Chakren. Ob es diese gibt, bleibt jedem selbst herauszufinden. Erwiesen sind sie nicht, doch erfreuen sie sich wachsender Beliebtheit. Sie sind Teil der Lehren aus dem Yoga, finden jedoch in der Baghavad Gita keine Erwähnung. Angeblich wurden sie in den „Veden" erwähnt. Dies kann ich jedoch weder bestätigen noch verneinen, weil mir dazu das erforderliche Wissen fehlt.

Für mich persönlich ist das, was man „Chakra" nennt existent. Das kann ich – für meinen Teil – so sagen, weil ich persönliche Erfahrungen damit gemacht habe. Chakras sind Energieräder. Wir wissen ja, dass wir – wie alles aus der Schöpfung – aus Energie bestehen. Energie ist das, was uns belebt. Von den Chinesen wissen wir inzwischen viel über Energiemeridiane – Energiebahnen, die in uns verlaufen. Diese Energiebahnen haben sog. Sammelstellen für bestimmte Bereiche. Diese Sammelstellen nennen die Yogis „Chakren". Es handelt sich dabei um Energieein- und -ausgänge.

Nun sind mittlerweile sehr viele Menschen auf die Idee gekommen, mit diesen Energierädern zu arbeiten, in sie einzugreifen und mit ihnen zu experimentieren. Ich möchte nicht wissen, was inzwischen dadurch schon alles passiert ist und möchte eindringlich davor warnen, dies zu tun.

Ist so ein Chakra erst einmal geöffnet, kann es sehr großen Schaden anrichten. Gott hat sich wirklich etwas dabei gedacht, diese zu verschließen und zu versiegeln. Es sind Kammern, die ganz gravierende Energien speichern – auch zerstörerische – in Form von Blockaden durch z.B. Traumata oder alten seelischen Verletzungen. Wird solch ein Rad nun geöffnet, um diese Blockade zu lösen, so kann das komplette alte Trauma wieder ausbrechen. Rückgängig machen kann das kaum jemand. Die Folge für den Menschen ist dann im günstigsten Fall eine Psychose.

Um ein solch komplexes Energiesystem bedienen zu können, bedarf es Gott. Er allein ist Herr über alle Energien.

Ein Eingreifen in ein solch komplexes Energiesystem verhält sich in etwa so, als würde ein Mensch einen anderen am Herzen operieren, nur weil er mal darüber gelesen und vielleicht einmal dabei zugesehen hat.

Deshalb nochmal meine dringende Warnung: Finger weg von den Chakren.

Vielleicht hängen sogar die 7 Siegel aus der Offenbarung des Johannes damit zusammen. Und auch dort ist ganz klar keinem gestattet, die Siegel zu lösen: *Und ich sah einen mächtigen Engel, der mit lauter Stimme fragte: »Wer ist würdig, die Siegel aufzubrechen und das Buch zu öffnen?« Aber es gab niemand, der es öffnen und hineinsehen konnte, weder im Himmel noch auf der Erde noch unter der Erde. (Offenbarung 5, 2)*

Das Chakrasystem ist KEIN Spielzeug. Ein Eingreifen kann wirklich sehr großen Schaden anrichten.

Nehmen wir einmal an, es wäre so, dass jedes Chakra das komplette Bewusstsein über eine bestimmte Entwicklungsstufe enthielte, das – wenn es mit einem Male – freigegeben würde, einem Menschen nicht mehr erlauben würde, in irgendeiner Form Dinge zu verdrängen. Er wäre GEZWUNGEN sich alles BEWUSST anzuschauen. Also auch Dinge, zu denen er noch gar nicht fähig und bereit ist ... Vielleicht verhält es sich ja ähnlich mit dem Öffnen der 7 Siegel ... vielleicht müssen sich dann alle Menschen dem KOMPLETTEN Bewusstsein stellen. Wie heißt es doch so schön ... „dann gibt es kein Verstecken mehr ... alles wird ersichtlich ... nicht die tiefste Höhle bietet Schutz ... die Wahrheit wird da sein und keiner kann ihr entkommen."

Für mich hat das Chakrasystem sehr viel mit den Medizinrädern des Schamanismus zu tun. Am eindrücklichsten kann ich es aber analog der „Menora" erklären.

Sicher gibt es viele Deutungsmöglichkeiten und es bleibt jedem selbst überlassen, die für sich schlüssigen zu wählen. Ich – für meinen Teil – stieß immer wieder auf den jüdischen, siebenarmigen Leuchter. Einst erhellte er das Stiftzelt und später die Tempel in Jerusalem. Für die Juden stellt er die Anwesenheit Gottes dar.

Wenn man sich eine Weile mit diesem Symbol beschäftigt, wird man automatisch an eine Art Baum erinnert. Und tatsächlich lässt sich hier ja auch eine Verbindung zum Schamanismus erkennen – nämlich im Weltenbaum. Beides – sowohl die Menora, als auch der Weltenbaum – tragen eine tiefe Möglichkeit von Erkenntnis in sich. Beim Weltenbaum kann ich nur nochmal wiederholen, was ich bereits bei den Chakren schrieb. Auch hier ist große Vorsicht geboten. Viel zu viele Menschen reisen am Weltenbaum entlang und betreten Dimensionen, deren Zugang ihnen nicht gestattet ist. Scheinbar lassen sich die Menschen immer noch gerne in Versuchung führen ... wie schon zu Evas Zeiten, in denen gerade „jener" Baum interessant war, von dem das Abnehmen der Früchte nicht erlaubt war. Aber dies nur am Rand.

Kehren wir zurück zum eigentlichen Thema.

Sehen wir uns die Menora nun einmal ganz genau an, so sehen wir ein Standbein, auf welchem sich drei Knotenpunkte befinden. Aus jedem dieser Knotenpunkte zweigt ein Arm jeweils nach rechts und links ab. Insgesamt sehen wir also 6 Arme (3 rechte und 3 linke jeweils miteinander durch diesen Knotenpunkt verbunden). Das Standbein selbst endet alleine – ohne Gegenpol.

Spielen wir jetzt ein bisschen mit der Menora und drehen sie um 90° Grad, so dass all ihre Arme auf die Seite zeigen. Mit ein bisschen Phantasie erkennen wir nun sieben Punkte, untereinander bzw. übereinander angeordnet. Wir können die Andeutung des Chakrasystems ausmachen. Unten das Wurzelchakra, ganz oben das Kronenchakra.

Drehen wir das Bild nun wieder zurück und fangen mit einer Betrachtung an.

Wir beginnen rechts außen. Nehmen wir an, es handle sich hier um das 1. Chakra, das nächste nach links gesehen, versinnbildliche das 2., das nächste das 3., dann sind wir in der Mitte beim Träger des Leuchters. Dieses wäre nun das 4. Chakra. Wir setzen unsere Betrachtung weiter fort. Es folgt (immer nach links betrachtend) das 5., das 6.

und am Ende das 7. Chakra.

Nun experimentieren wir wieder etwas und schließen jedes Armpaar über sich zu einem Kreis; das linke mit dem rechten, das 2. mit dem 6 und das 3. mit dem 5. Wir haben dann 3 Kreise und einen Mittelpunkt, nämlich den vom 4. Chakra, aus dem wir keinen Kreis gebildet haben. Jetzt macht es Sinn, das Bild zu betrachten, welches ich zur Verdeutlichung eines möglichen Lebensweges durch das Mandala bereits beschrieben habe. Wir stoßen auf das gleiche Modell.

In Betrachtung der Chakren nun finden wir folgendes: Das 1. Chakra liegt mit dem 7. Chakra auf einem Kreis. Das 2. mit dem 6. und das 3. mit dem 5. Lediglich das 4. steht für sich alleine.

Ich gehe nun in meiner Vorstellung noch einen Schritt weiter und ordne den Chakren folgende Merkmale zu:

Chakra 1 = Ursprung, Wurzeln, Mineralien, Edelsteine (Wurzelchakra)

Chakra 2 = Pflanzenwelt

Chakra 3 = Tierwelt

Chakra 4 = Mensch

Chakra 5 = Engel

Chakra 6 = Erzengel, Meister

Chakra 7 = Christus, Jesus (Kronenchakra)

Sehen wir uns nun an, welche Chakren gemeinsam auf einer Kreislinie liegen, so finden wir auf dem äußeren Ring Anfang und Ende (Ursprung und Jesus, als Erlöser diese Welt). Die nächste Linie enthält das Pflanzensymbol sowie die Erzengel oder andere höhere Hierarchien der Engel - der innere Ring trägt das Symbol der Tiere mit dem der Engel. Gehen wir nun davon aus, dass jeder Ring die gleiche Energie trägt ... also von außen nach innen abfällt, würde es bedeuten, dass der Mittelpunkt – der Mensch – die dichteste Energie besitzt und alleine steht. Gehen wir hier wieder zurück zum Bild der Monora, erkennen wir aber, dass ihm – dem Mittelpunkt – eine sehr große Aufgabe übertragen ist: nämlich die, der Brücke und des Tragens. Der

Mensch ist die Verbindung zwischen oben (linke Seite der Menora) und unten (rechte Seite der Menora). Er ist mit der Aufgabe betraut, Himmel und Erde wieder zusammenzuführen, zu vereinen.

An dieser Stelle wird gut ersichtlich, dass der Mensch, das einzige erschaffene Wesen ist, welches in der „Dualität" lebt und diese überwinden muss. Kein anderes Wesen – weder Tier, Pflanze noch Engel steht für sich alleine, sondern ist immer verbunden mit seinem Gegenpart. Nur der Mensch nicht.

In der jüdischen Tradition steht die Menora für die 6 Schöpfungstage und den Ruhetag – den Schabbat. Setzen wir statt eines Tages nun einmal einen anderen Zeitfaktor, so erhalten wir verschiedene Entwicklungsmodelle, z.B. das des Chakrensystems, aber auch ganze Zeitalter und Epochen, ja sogar die ganze Evolution.

Wir beginnen mit der Geburt und steigen so Chakra für Chakra hinauf durch all die Entwicklungsstufen, die man den einzelnen Chakren zuschreibt. Auf diesem Weg sollten möglichst diese

Entwicklungsphasen gelernt werden, was eigentlich nicht möglich ist (sonst wären wir perfekt und bräuchten nicht mehr lernen). Deshalb haben wir die Möglichkeit der „Korrektur" in der Umkehr erhalten. Noch einmal durchschreiten wir dabei alle Bereiche und dürfen nun durch erworbenes Bewusstsein verstehen und uns korrigieren. Wir durchleben quasi unsere persönliche Evolution, wie die Welt im Großen ebenfalls diese Evolution erlebt.

Ein kleines Beispiel hierzu, um es bildhafter zu machen:

Wir kommen als Säugling hier an und haben noch einen enorm hohen Reinheitsgrad, denn aus der Reinheit wurden wir ja geboren. Je älter wir aber werden, desto tiefer fallen wir - bis zum Punkt der Umkehr. Danach sollten wir dann wieder zurückgehen und aufsteigen in unsere Ursprungsenergie. (Ein Drama, was sich tatsächlich in den meisten Entwicklungen von Menschen zeigt ... denn da ent-wickelt sich nämlich oft bis zum Tode nichts, was das Sterben dann sehr schwer macht.)

Wenn meine Überlegungen stimmen würden, hieße das, dass wir immer von wunderbaren Helfern umgeben sind. In der geistigen Welt wären dies Jesus, die Erzengel und die Engel. In der irdischen Welt entspräche das den Mineralien, den Pflanzen und den Tieren. Sie übernehmen hier auf der Erde die Aufgabe, uns mit zusätzlicher Energie zu versorgen. Das ist das, was ich meinte, als ich schrieb, dass Tiere dann tatsächlich Engelsenergien hätten.

Und hier die ganz große Bitte: Überlegt Euch bitte sehr genau, wie ihr mit den Tieren, den Pflanzen und unserer Mutter Erde umgeht. All das wurde VOR dem Menschen erschaffen. Der Mensch ist nicht die Krone der Schöpfung, sondern das letzte Glied in der Schöpfungskette.

Anhand der Menora können wir auch – *nach Gitta Mallasz* – die Seiten aufteilen in das „ErschaffenE" (rechts – das Irdische) und das „ErschaffenDE" (links – das Geistige). Wir hätten somit auf der rechten Seite die Elemente Wasser, Feuer und Luft und auf der linken Seite Engel, Erzengel und Jesus. Der Mensch in der Mitte symbolisiert die Erde – das Verbindende – die Brücke.

Der Mensch muss zu einem starken Baum werden

mit Wurzeln sowohl in die Erde als auch in den Himmel. So wird er zur Verbindung. Wenn er sich darüber klar wird, dass er sowohl Materie als auch Geist ist und dies auch bewusst lebt, wird er genau diese Verbindung zum Ausdruck bringen.

Nun kehren wir aber noch einmal zurück zum eigentlichen Chakrasystem. Im Yoga reden die Meister stets vom „Erwachen der Kundalini". Die Kundalini symbolisiert dabei eine Schlange, die am unteren Ende der Wirbelsäule liegt und schläft. Das Erwachen dieser Schlange setzt das Geöffnetsein aller Chakren voraus. Dies kann langsam – Stück für Stück – geschehen oder ganz plötzlich.

Auch hier würde ich vor beidem warnen.

Das Öffnen und Schließen der Chakren bleibt alleine Gott vorenthalten und mit ihm zusammen können wir erwachen und aufsteigen. Wir können Stück für Stück durch die Gabe seines Geistes – in Form von Bewusstsein - wachsen und uns entwickeln. Doch all das sollte BEWUSST erfolgen und nicht, weil ein anderer dies lenkt oder durch eigenes Eingreifen. Keiner kann wissen, zu was wir schon bereit sind oder was uns mit Energien überflutet, über die wir nicht mehr Herr werden.

Wenn wir also mit den Energien der Chakren arbeiten wollen, dann nur insoweit, dass wir uns mit ihren Themen beschäftigen und uns so nach und nach Blockaden BEWUSST machen und durch unseren Geist erlösen und daran wachsen. Gott gibt uns ALLES – aber er gibt uns immer nur das, was wir GERADE brauchen, um weiterzukommen. Wenn wir ihm vertrauen, können wir ganz gelassen leben im Wissen, dass uns alles zufließt zur exakt richtigen Zeit. Auch Energien, die bis dahin noch verschlossen sind. Gott öffnet die Energiequellen dann, wenn es für uns am besten ist. Er weißt ganz genau, was er tut - im Gegensatz zum Ego des Menschen.

Dieses Thema ist ein ganz großes und ein Bereich, der wirklich sehr sorgsam durchdacht und behandelt werden sollte. Ich könnte darüber noch viel mehr schreiben, aber ich glaube, das Wesentliche ist gesagt. Wer sich weiter dafür interessiert, findet sicher einiges an Informationen darüber bei Mr. Google. Mir war es nur wichtig, aufzuzeigen, warum manche Dinge so wichtig und entscheidend sind. Und in Anbetracht dieser Symbolik kann man manches vielleicht nochmal auf eine neue, auf eine ganz andere Weise, betrachten. Eine solche neue Sicht wollte ich hier anbieten.

Wir, als Menschen, stehen in der Mitte. Dort wo das Herz ist. Das bedeutet, dass unser Weg, nur der Weg der Liebe sein kann. Die Liebe ist das einzigste, was verbindet. Alles andere trennt.

Die Liebe liegt dort, wo unsere Mitte ist. Befinden wir uns in unserer Mitte, sind wir bei uns selbst. Wenn wir bei uns selbst sind, so sind wir verbunden mit unserer Seele. Sind wir aber verbunden mit unserer Seele, so sind wir bei Gott. NUR in der MITTE hört die Dualität auf! Dort ist ALLES verbunden!

Und genau das war die große Lehre Jesus. Er hat uns gezeigt, dass wir Himmel und Erde verbinden müssen, um diese Welt zu überwinden. Er hat uns gezeigt, dass wir als „Diener" gekommen sind. So wie die Mineralien den Pflanzen, den Tieren und den Menschen dienen und die Engel, die Erzengel und selbst Jesus alleine Gott dienen. Alle zusammen - vom kleinsten Mineral bis zum strahlenden Jesus - sind wir Diener Gottes. Das ist unsere Aufgabe. Hier und immer. Wir, als Menschen, haben die Möglichkeit, uns alle Hilfe zunutze zu machen. Wenn wir uns beSINNen, so können wir sowohl von den Mineralien, als auch von Pflanzen und Tieren profitieren und lernen. Wir können uns die Hilfe der Engel holen, als auch die der Erzengel und Jesus. Dies alles steht nur uns Menschen zur Verfügung.

Für mich ist in der Menora ALLES enthalten – die gesamte Schöpfung – die komplette Evolution. Und sind alle Lichter angezündet so erkennen wir das Licht Gottes über allem. Egal, auf welcher Stufe wir uns befinden ... über uns ist stets das Leuchten Gottes.

Immer wieder habe ich mit großem Staunen festgestellt, dass ich Erkenntnisse und Bewusstsein in mir trug, die andere Menschen längst vor mir hatten. Sehr oft dachte ich sogar die gleichen Worte wie sie. Dabei handelt es sich nicht nur um Menschen aus der heutigen Zeit, sondern um längst verstorbene. Keinen dieser Menschen habe ich persönlich gekannt und in den allermeisten Fällen nicht einmal etwas von ihm gewußt.

Ein kleines Beispiel hierzu:

Eine Zeit lang beschäftigte ich mich mit einem für mich wichtigen Thema, dass ich von allen Seiten betrachtete und irgendwann zu einem Schluss kam, wie es sich damit verhalten könnte. Ein paar Tage später stieß ich bei der Suche nach einem Buch auf ein völlig anderes. Das Buch war aus einem Antiquariat und schon so alt, dass es noch in der altdeutschen Schrift verfasst war. Ich kaufte dieses Buch und begann noch am gleichen Tag, es zu lesen. Und wieder passierte das gleiche. Ich las, was sich mir selbst vor einigen Tagen erschlossen hatte. Und das von einem Autor, der das so viel früher genauso erfahren hat, wie ich heute im Jahr 2016.

Daraufhin fragte ich Gott: „Gott, bitte sag mir, wie kann es sein, dass mein Denken immer wieder so ähnlich dem, anderer Personen ist? Wie kann ich in mir die gleichen Erkenntnisse und Gedanken haben wie die, mit denen ich nie zusammengesessen habe, mit denen ich nie gesprochen und die ich noch nicht einmal gekannt habe?"

Ich erhielt folgende Antwort: „Es gibt nichts Neues in der Welt. Alles, was ist, gab es schon immer und wird es immer wieder geben. Schau zurück … wenn du ein Samenkorn in die Erde legst, wächst eine Pflanze. Dies war schon vor Millionen von Jahren so. Wenn ein Kind geboren wird, durchläuft es auch heute noch den gleichen Prozess wie vor Millionen von Jahren. Jede Erkenntnis, die du hast, hat ein anderer irgendwann vor Millionen Jahren auch schon gehabt. Nimm dies als Zeichen, dass jeder Mensch mit göttlichem Wissen versorgt wird – zu jedem Zeitpunkt. Das, was es zu lernen gilt, ist seit Millionen von Jahren das gleiche. So hast du deine Erkenntnis aus der Urquelle erhalten. Ebenso wie auch andere Menschen vor deiner Zeit. Nur jeder auf die Weise, in welcher er diese für sich aufnehmen konnte. Nimm dies auch als Zeichen, dass es die Wahrheit ist. Denn wie sollten mehrere Menschen Gleiches denken … ohne mich? Ohne meinen Geist?"

Es stimmte. Ich verstand. Egal, wie lange wir zurückblicken. Immer liefen die gleichen Prozesse ab, ob auf körperlicher oder geistiger Ebene. Ich verstand, dass jeder Mensch immer wieder den gleichen Prozess durchläuft, den Prozess der Evolution im eigenen Sein. Er wird geboren als Same, wie der einer Pflanze, lernt dann seine Instinkte, wie die Tiere und reift dann heran zum Menschen. Im günstigsten Fall entwickelt er sich dann weiter in die geistige Reife hin zu höheren Energien. Nichts ist neu. Alles ist, was es immer war und keine Erkenntnis ist etwas von Menschen

Erschaffenes, sondern liegt seit Urzeiten für jeden Einzelnen in der Urquelle für uns bereit.

„Im Anfang war das Wort und das Wort war bei Gott und das Wort war Gott. Im Anfang war es bei Gott. Alles ist durch das Wort geworden und ohne das Wort wurde nichts, was geworden ist."

Diese Zeilen stehen am Anfang des Johannesevangelium (Johannes 1, 1 – 18). Viele haben versucht sie zu deuten, auszulegen und zu interpretieren. Und jeder versteht sie so, wie er sie verstehen kann. So ist es auch bei mir. Ich kann also auch hier nur meine eigene Auffassung wiedergeben.

Ich sehe in diesen Zeilen die große Macht der Worte und Gedanken bestätigt. Die Aussage bezieht sich zwar auch auf Jesus, doch wenn man Jesus als Sprachrohr Gottes anerkennt, so gibt alles zusammen noch einen weiteren, viel tieferen Sinn.

Welch enorme Macht unsere Worte haben, ist uns oft gar nicht wirklich bewusst. Aber tatsächlich existiert nichts auf dieser Welt, das nicht zuvor als Gedanke gedacht wurde. Ohne das Erschaffene vorher gedacht zu haben, konnte es nicht geschaffen werden. Umso wichtiger ist es, zu verstehen, dass alles, was wir in der Welt vorfinden, zuvor von uns in Gedanken existiert hat. So ist es auch in unserer eigenen, ganz persönlichen Welt. Finden wir uns als Versager wieder, haben wir uns zuvor als Versager gedacht. Finden wir uns als erfolgreichen Menschen wieder, so haben wir einst ein solches Bild im Inneren von uns entwickelt. Wir wurden, was wir über uns glaubten.

Man kann das sehr leicht nachprüfen. Wenn man mit Menschen Kontakt aufnimmt, die zu den sozial Schwachen gehören, so findet man fast immer Personen, die ein sehr schwaches Bild von sich haben. Menschen, die nicht an sich und ihren Erfolg glauben. Trifft man hingegen auf angesehene und erfolgreiche Menschen, findet man vor allem Charaktere, die sich innerlich sehr wichtig nehmen und an sich und ihre Welt glauben. Natürlich gibt es

Ausnahmen. Ich kenne selbst welche. Bei der Mehrzahl aber ist es so, wie beschrieben.

Beide Gruppen hegen keinen Zweifel. Der eine glaubt fest daran, dass er der Größte und Beste ist, der andere ist völlig überzeugt davon, ein Opfer zu sein und nichts ändern zu können. Das ist die Basis, die wir selbst in unseren Köpfen schaffen. Zuerst ist der Gedanke da, dann entsteht ein Bild und aus dem Bild entwickelt sich eine Wirkung.

Leben entwickelt sich immer vom Geistigen ins Körperliche und geht dann wieder zurück. Wir gehen aus dem Geistigen ins Körperliche, machen dort eine Erfahrung und nehmen diese wieder mit ins Innere, um sie dort im Geistigen zu integrieren. So auch bei einem Gedanken – der ja geistiges Gut ist. Wie innen – so außen. Selbstverständlich kann man auch im Umkehrschluss von außen – nach innen – ableiten. Das eine ist die Ursache, das andere die Wirkung. Es gibt keine Ursache ohne Wirkung, genauso wie es keine Wirkung ohne Ursache gibt.

Die erste UR-Sache war Gott. Seine Gedanken waren es, mit denen alles erschaffen wurde. Somit ist er das einzige Gesetz, welches es tatsächlich gibt. Alle anderen Gesetze wurden von Menschen gemacht. Doch die haben nur begrenzte Gültigkeit. Gottes Gesetz aber bleibt für alle Zeiten bestehen. Nichts und niemand kann etwas daran ändern.

Wenn man sich vorstellt, dass am Anfang das „Wort" war und alles aus ihm entstand, dann erkennt man recht schnell die riesige Macht, die ein Wort inne hat. Und wenn man sich weiter klar macht, dass jedes gesprochene Wort, ja sogar jedes gedachte, für immer und alle Zeiten im Buch des Lebens festgehalten ist, so kann man schon ins Grübeln kommen. Mir ging es jedenfalls so. Letztendlich hat das aber auch dazu beigetragen, dass ich mich immer mehr verfeinern wollte. Mehr und mehr wuchs der Wunsch in mir, Gutes beitragen zu wollen für ein größeres Ganzes. Hat man erst einmal erkannt, dass jeder böse Gedanke dazu führt, dass sich die Gesamtseele der ganzen Menschheit dadurch verdunkelt, denkt man viel mehr darüber nach, was man von sich gibt.

Natürlich heißt das nicht, dass ich nun eine Heilige geworden bin. Ganz und gar nicht. Ich kämpfe täglich mit meinen Gedanken und Worten und oft genug trete ich noch immer in die gleiche Falle. Aber ich werde dadurch auch täglich bewusster und kenne den Feind. Oft genug suche auch ich ihn immer noch im Außen, doch im Außen gibt es keinen Feind. Der Feind ist immer und zu jedem Zeitpunkt in uns selbst. Denken wir Schlechtes – empfangen wir Schlechtes. Was wir uns vorstellen, ziehen wir in unser Leben. Denken wir z.B. voller Hass an einen Menschen, der etwas Böses getan hat, so begeben wir uns automatisch in die gleiche Position, wie er. Ob uns das nun bewusst sein mag oder nicht, wir werden dadurch genauso zum Täter, wie der Täter selbst, denn wir führen genauso – wie er – Dunkelheit in die Gesamtseele ein. Erst wenn wir unsere niederen Triebe überwunden haben und in der Lage sind, trotzdem innerlich in der Liebe zu bleiben, können wir erlösen – uns und andere. Wir sorgen dann nämlich dafür, dass anstatt Dunkelheit nun Licht in das größere Ganze fließt.

Als man – der Geschichte nach – Besessene zu Jesus brachte, heißt es, dass er die bösen Geister durch „das Wort" austrieb und die Menschen heilte. Welche Macht muss also „das Wort" haben?

Wie schafft man es nun aber, diese zuweilen sehr dummen und zerstörerischen Gedanken zu ändern? Wer es schon einmal versucht hat, weiß, wie schwer das ist. Leider gibt es dafür keinen einfachen Weg.

Ich beobachtete eines Tages, gegenüber von mir, eine Baustelle. Dort stand ein großes, altes Fabrikgelände, das ausgedient hatte. Es war nicht mehr förderlich und zeigte sich als äußerst unattraktives Bild in der Landschaft. Sehr grau und voller Düsterkeit stand es das, ohne irgendjemandem zu nützen. Eines Tages kam dann eine Arbeiterkolonne mit Abrissbirne und brachte das Gebäude zum Einsturz. Zunächst einmal polterte und krachte es. Stück für Stück brach alles zusammen. Überall war Schutt und Staub. Doch danach wurde das Grundstück gereinigt und nach und nach neu angelegt. Heute gibt es dort hünsche Häuser und eine schöne Grünanlage.

Und so ist es auch mit unseren Gedanken. Wir müssen sie an den Wurzeln packen und herausreißen, damit sie nicht mehr wuchern können. Dazu ist eine Grundreinigung nötig. Erst wenn wir abgetragen haben, was nicht ertragreich ist, können wir wieder aufbauen und neu säen. Unsere Gedanken von heute sind die Saat von dem, was morgen aufgeht und irgendwann einmal Früchte bringt. Und so kann schon heute jeder dafür sorgen, wie seine Ernte aussehen wird. Die Ursache bleibt der Gedanke – die Wirkung wird die Ernte sein.

Lange Zeit war ich überzeugt davon, die richtige Glaubensrichtung für mich gefunden zu haben. Ich war fasziniert von all den indischen Gurus und vor allem vom Gedanken der Wiedergeburt und des damit zusammenhängenden Karmas. Eine – für mich – durchaus gut nachzuvollziehende und verlockende Vorstellung.

Heute überzeugt mich diese Betrachtungsweise nicht mehr. Das heißt nun aber nicht, dass ich sie deshalb verwerfe. Nein, ich sehe sie einfach als denkbare Möglichkeit. Denn eines ist mir heute klar – nämlich – dass ich nichts weiß. Dies ist meine Ausgangsposition, von der aus ALLES möglich wird.

Gott hat ganz bewusst die Tür vor diversem Wissen verschlossen. Nicht umsonst sprechen wir vom Glauben. Er hat seine Gründe und es geht darum, ihm zu vertrauen.

Wenn ich mir mein bisheriges Leben anschaue, so sehe ich mich voller Wissensdurst Engels- und Tarotkarten legen. Ich sehe mich Bücher verschlingen über diese und jene Lehre, sehe mich suchen in dieser und jener Religion und stelle fest, dass all dies mir nur eines zeigte … dass ich nicht vertraue. Solange ich Gewissheit haben möchte, vertraue ich nicht.

Vertrauen heißt, Gott – wie ich ihn verstehe – zuzutrauen, dass er mir zu jedem Zeitpunkt das richtige gibt. Dass er 100 % genau weiß, was ich jetzt gerade brauche … an Arbeit, an Geld, an Wissen und an Beziehungen.

Davon war ich weit weg. Stattdessen suchte ich permanent. Wenn ich meditierte, erhoffte ich mir etwas zu finden – selbst in der Stille. Wenn ich las, erhoffte ich mir neue Erkenntnisse. Wenn ich ein Seminar besuchte, erhoffte ich mir irgendeine Erleuchtung.

Glauben heißt vertrauen. Und wenn ich vertraue, dann ist alles möglich. Dann öffnen sich Türen, die ich in meiner Vorstellung niemals auch nur ein kleines Stück geöffnet habe.

Die Lehre von „Karma" bedingt immer auch die Lehre von Wiedergeburt. Karma bedeutet, dass wir eine Wirkung spüren von einer Ursache, die wir früher oder in einem früheren Leben selbst gesät haben. Soweit ist das gut nachvollziehbar. Das Ziel aus der Karmalehre sollte sein, soweit zu kommen, dass kein weiteres Karma mehr erzeugt wird. Und schon damit habe ich ein großes Problem, denn das würde bedeuten, dass wir solange wiedergeboren werden, bis wir irgendwann „vollkommen" sind. Nun wissen wir aber, dass es Vollkommenheit auf der Erde gar nicht gibt. Was nun?

Hinzu kommt, dass wir hier in der westlichen Welt ein völlig anderes Dasein führen als z.B. ein Guru in Indien oder ein Buddhist in Tibet. Für mich persönlich macht es einen großen Unterschied, ob ich die Zeit und die Möglichkeit habe, mich in Askese versenken zu können oder in einer lauten Welt, wie der unseren, meine täglichen Pflichten erfüllen muss, um überleben zu können. Während nämlich derjenige, der sich von einer verführerischen Außenwelt zurückziehen kann, wie z.B. ein Mönch in Tibet, weniger Karma erzeugen wird, ist die Möglichkeit mehr schlechtes anzuhäufen bei dem doch viel eher gegeben, der sich in einer stresserfüllten Welt bewegen und darin bestehen muss. Nicht jeder ist dafür geeignet, sich in ein Kloster zurückzuziehen. Wer aber in der Welt lebt, ist auch der Verführung durch die Welt ausgesetzt. Dies stellt für mich eine viel schwierigere Prüfung dar.

Sind wir also schlechter dran oder müssen wir einen anderen Lebensraum wählen, um uns frei machen zu können?

Ich glaube nicht!

Gott hat jeden Menschen ganz genau dorthin gestellt, wo er sein muss, um seinen persönlichen Lebensplan erfüllen zu können.

Wenn wir an die karmischen Gesetze und an Reinkarnation glauben, glauben wir dann trotzdem auch an einen „persönlichen" Gott? Im Hinduismus und im Buddhismus gibt es dies ja nicht. Dort gibt es viele Götter. Die Frage ist also zunächst einmal: was glauben wir eigentlich wirklich? Sind wir uns dessen überhaupt bewusst?

Wenn wir nun den Begriff Karma in den Begriff Schuld umwandeln würden, hätten wir wieder eine völlig neue Betrachtungsmöglichkeit, die auch mit einem „persönlichen" Gott durchaus vereinbar wäre. Denn dann bestünde die Möglichkeit, dass wir uns über unsere „Schuldgefühle" definieren könnten. Handeln wir und erkennen später, dass unser Handeln einem anderen oder uns selbst Schaden zugefügt hat, haben wir über unsere Schuldgefühle Bewusstsein erhalten. Darüber wiederum können wir uns nun definieren, korrigieren und neu ausrichten, um so künftig einen „besseren" Weg zu wählen. Ob dies nun jedoch Sinn macht, dies über viele neue Leben zu tun – das kann ich mir wirklich nicht mehr vorstellen.

Ich halte an dieser Stelle einmal fest: um Schuld zu erkennen und künftig zu vermeiden, ist Bewusstsein erforderlich.

Die nächste Frage wäre dann, woher erhalten wir dieses? Können wir es selbst in uns erzeugen?

Weiter ist notwendig: die Liebe. Nämlich die Liebe, derer wir bedürfen, um uns selbst unsere Verfehlungen zu verzeihen. Und die, die wir brauchen, um auch anderen vergeben zu können. Woher kommt diese Liebe? Können wir sie selbst in uns erzeugen?

Ich meine, es ist nicht entscheidend, welchen Grad der Erleuchtung wir auf Erden erzielen. Für mich wäre dies völlig fehlgedeutetes Gottesbewusstsein. Wenn Gott so wäre, dass er die bevorzugen würde, die – durch welche Vorteile auch immer – leichter auf Erden leben könnten, während andere einen schwierigeren Lebensweg beschreiten müssen, so könnte ich nicht mehr an ihn glauben.

Für mich ist Gott Liebe. Das bedeutet, dass vor Gott alle Menschen zunächst einmal gleich sind. Sie wurden gleich geschaffen, nämlich jeder Einzelne mit einer wundervollen, reinen Seele. Bei ihrer Entlassung zur Erde wurde ihnen dann aber Entscheidungsfreiheit gewährt. D.h. sie selbst bestimmen, welchen Weg sie gehen. Dabei kommt es aber m.E. nicht darauf an, dass sie von Anfang bis Ende keine Schuld auf sich ziehen, sondern entscheidend ist allein ihre Herzensgesinnung.

Gott sieht in jedes Herz und dort gibt es keine Vertuschung. Dort ist die absolute und reine Wahrheit, die durch nichts verschleiert und nirgendwo versteckt werden kann. Gott kennt die Wahrheit und genau aus diesem Grund bin ich mir sicher, dass kein Mensch bei der Ankunft im Jenseits danach beurteilt wird, wie vollkommen er ist, sondern inwieweit er sich darum bemüht hat, vollkommen zu werden. Vollkommenheit gibt es nicht. Niemals. Nicht in diesem und nicht in etwaigen neuen Leben. Es ist völlig ausgeschlossen. Vollkommen ist tatsächlich nur Gott. Alles andere ist immer nur eine Annäherung an ihn.

Gott sieht also nicht die weiße Weste, mit der jemand nach Hause kommt, sondern er sieht viel tiefer. Er sieht das Herz. Er sieht die Mühen und die Kämpfe, die wir gegen Dunkelheit und Versuchung geführt haben. Wenn wir uns trauen zu leben, werden wir auch versagen. Wenn wir „ja" zum Leben sagen, müssen wir gleichzeitig auch „ja" zu unseren Fehlern sagen.

Würde ich davon ausgehen, dass es diese vielen Wiedergeburten nicht gäbe und ich auch später kein Karma mehr abtragen könnte ... was bliebe dann?

Es bliebe ein einziges Leben, das mir geschenkt

wurde und das ich – für mich und meine Weiterentwicklung – benutzen durfte. Nur dieses eine Leben!

Ich selbst darf mich entscheiden, was ich daraus mache. Und entscheide ich mich dafür, dieses Leben so rein als möglich zu beenden, kann es mir völlig egal sein, ob es danach Karma gibt oder nicht.

Im anderen Fall … nun … das muss jeder für sich selbst entscheiden

Anstatt eines Schlusswortes …

… möchte ich euch etwas sehr Persönliches erzählen. Etwas, woraus sehr gut ersichtlich wird, wie wir von Boten und Botschaften umgeben sind, die uns helfen, unseren Weg zu finden.

In meinem ersten Buch habe ich im Kapitel „das Spiel des Lebens" ein Beispiel einfließen lassen, das meine Hunde betrifft. Dieses möchte ich hier auszugsweise noch einmal wiederholen, damit das, was ich im Anschluss schreibe, besser verständlich wird.

Ich zitiere:

„ … Ich begann mich nun auf die innewohnenden Seelen zu konzentrieren, anstatt wie bisher auf deren Erziehung. Und da öffnete sich etwas in mir und ich stand staunend vor dieser Botschaft. Ich fragte meine drei Tiere nacheinander, warum sie denn bei mir seien und was ihre Aufgabe bei mir sei. Jedes Tier gab mir eine ganz klare Antwort. Querido, mein persönlicher Hund, sagte mir: „Ich bin deine Seele und sorge für Ausgleich. Ich möchte dir Türen öffnen." Tatsächlich hatte er immer Türen aufgemacht und danach nie mehr. Zuy, der persönliche Hund

meines Lebensgefährten, sagte mir: „Ich bin dein Geist und möchte dir den Weg zeigen. Ich werde dir vorausgehen." Und Corta, unser kleiner Zögling, sagte: *„Und ich bin dein Körper und werde für dich einspringen. Wenn es sein muss, werde ich für dich mein Leben lassen ... "*

Soviel zu der Botschaft, die ich damals empfing: Lange konnte ich sie nicht wirklich einordnen. Die tiefere Wegweisung erkannte ich erst im Laufe der Zeit.

Schreibt man so etwas, läuft man natürlich immer Gefahr, für realitätsfremd und verrückt gehalten zu werden. Tatsächlich habe ich mich aus diesem Grund viel zu oft bedeckt gehalten und nicht gewagt zu sagen, was ich in mir erlebte und wahrnahm. Hier möchte ich nun einen weiteren Einblick in mein Erleben gewähren. Meine Hunde führten mich nämlich noch viel weiter und wir kämpften so manchen Kampf, ehe ich wirklich verstand.

Hunde zu führen, ist meist nicht so einfach, wie es zunächst erscheint. Auch wenn viele Menschen glauben, ihren Hund gut zu führen, wissen sie oft nicht, ob ihr Hund sich auch tatsächlich wohlfühlt. Oft sind Tiere nämlich freiwillig unglücklich, um uns zu lehren und wachsen zu lassen. So war das auch bei uns.

Der Hund, mit dem ich am meisten zu ringen hatte, war der Hund meines verstorbenen Freundes. Er war von Anfang an ein extrem schwieriges Tier, der sich nicht anfassen lassen wollte, der sich nicht integrieren wollte und der einen nicht anschauen konnte. Es war, als würde er jeden Kontakt verabscheuen. Auch gegenüber anderen Hunden war er kaum zu bändigen und musste oft richtig gewaltsam zurückgehalten werden. Es gab nichts, was ich nicht versuchte bei ihm anzuwenden, um ihn in die Spur zu bringen. Doch alle Erziehung schien vergebens. Ich spreche hier von Zuy – dem Spiegel meines geistigen Seins.

So manches Mal an meine Grenzen brachte mich auch mein Kleinster. Er, mit seinen gerade mal drei Kilo, machte mir das Leben mitunter sehr schwer, weil er alles, was sich uns in irgendeiner Form in den Weg stellte, verbellte und anfallen wollte. Kein Jogger, kein Radfahrer, kein Auto … nichts war sicher vor diesem kleinen Kerl. Sein quietschiges Angreifergebell entlockte und entlockt mir noch sehr oft ein: „Jetzt hall doch mal die Klappe". Doch auch er sah mich nur durchdringend an und hörte auf, nur um beim nächsten Objekt sofort wieder loszulegen.

Das ist mein Cortado – der Spiegel meines körperlichen Ausdrucks.

Der Hund, der mir Ruhe und Kraft schenkt, auf den ich mich immer verlassen kann und der mir stets souverän und treu zur Seite steht, das ist Querido – der Spiegel meiner Seele. Er ist der Ruhepol in unserem Team, er ist Ausgleich und Brücke. Doch auch er zeigte mir Seiten, an denen ich zuweilen verzweifelte und nicht wusste, was sie bedeuten. So blieb er häufig einfach stehen, wenn ich ihn an der Leine hatte. Er sperrte sich und verweigerte ein Weitergehen. In solchen Momenten kann er das Wesen eines störrischen Esels einnehmen. Auch ist er fast schon übertrieben vorsichtig. Wie ein Professor muss er alles genauestens studieren.

Alles in allem, waren wir – draußen – nicht sehr einfach. Sobald wir aber zuhause waren, lief alles harmonisch ab und keiner wollte glauben, dass es draußen Probleme geben könnte. Die Jungs waren entspannt ... und ich auch.

Warum erzähle ich das nun hier alles und was hat es zu bedeuten?

Nun ... alles hat einen Sinn und ich möchte anhand diesem Beispiel zeigen, wie alles, was uns umgibt, zu einem sehr hilfreichen Spiegel werden und uns wunderbar lehren und leiten kann. Wenn wir wollen, können wir uns selbst erkennen und die angebotenen Möglichkeiten nutzen, Dinge zu ändern oder zu akzeptieren.

Die ersten Veränderungen im Verhalten meiner Hunde zeigten sich dann, als ich eines Tages vor ihnen stand, sie resigniert anschaute und zu ihnen sagte: „Na ja, ihr seid eben, wie ihr seid. Ich gebe es auf, euch erziehen zu wollen. Ich nehme euch halt so wie ihr seid und wir werden das beste daraus machen." Als würden sie jedes Wort verstehen, saßen sie wie die Orgelpfeifen vor mir und sahen mich an, nach dem Motto: „Na, da sind wir nun aber mal gespannt."

Ich begann meine Grundhaltung zu ändern. Redete ich mir vorher noch ein, ich müsse meine Hunde perfekt spazieren führen und souverän an jedem anderen Hund vorbei bewegen, so entschied ich nun, Hundebegegnungen möglichst zu vermeiden, um uns einen sicheren Raum zu gewähren. Dachte ich zuvor noch, ich sei nur dann eine gute Rudelführerin, wenn meine Hunde gut mit anderen auskämen und „schön" mit anderen spielten, so pfiff ich darauf und erhob zur 1. Priorität, dass wir als Team gut harmonierten. Ich nahm nicht mehr andere als Gradmesser, sondern meine innere Stimme.

Dadurch, dass ich nun die Aufmerksamkeit mehr und mehr auf uns richtete und nicht länger dem Raum gab, was andere über mich denken könnten, kam ich mehr und mehr bei mir und den Jungs an. Ich beobachte nun UNS, anstatt andere und erkannte so immer mehr Feinheiten. Ich lebte plötzlich im Hier und Jetzt, weil ich mich nun ganz auf meine Hunde einließ und keiner Ablenkung mehr Raum schenkte. Und genau dieses „ein-lassen" öffnete mir tatsächlich neue Türen. So konnte ich auch viel mehr zu mir herein lassen und mich selbst erkennen.

Da war mein geistiger Spiegel, der mir durch seine Unnahbarkeit einen Teil meiner eigenen Persönlichkeit aufzeigte. Ich durfte erkennen, wie unnahbar ich doch selbst bin, wie sehr ich Menschen auf Abstand halte und immer wieder signalisiere: „Komm mir ja nicht zu nah".

Wenn Zuy voraus rannte und nicht beim Rudel bleiben wollte, zeigte er mir sehr deutlich, wie sehr auch ich mich von den Menschen entfernt hatte und keinen Kontakt mehr mit ihnen wollte. Das war bitter, aber auch ehrlich. Tatsächlich wollte ICH weder angefasst werden, noch mich integrieren. Versuchte man mir Grenzen zu setzen, so brach ich aus und entfernte mich noch weiter. Als ich das erkannte, liefen mir Tränen übers Gesicht und ich umarmte meinen Zuy und entschuldigte mich bei ihm. Mein Eingeständnis war so tief und ehrlich, dass er meine Umarmung annahm und mich zum ersten Mal bewusst anschaute. Seitdem ist das Eis zwischen uns gebrochen.

Auch mein kleiner Cortado zeigte mir ähnliches. Nur auf eine ganz andere Art. Er, der meine körperliche Ausdrucksweise demonstrierte, verschaffte mir den Raum, den ich selbst brauchte, mir aber nie zugestand. Immer glaubte ich, jedem Raum gewähren zu müssen und viel zu oft in meinem Leben ließ ich es zu, dass meine Individualdistanz überschritten wurde. Corta zeigte mir das sehr dramatisch durch sein Verhalten, mir alles aus dem Weg schaffen zu wollen. Tatsächlich hätte er dafür auch schon sein Leben gelassen, hätte ich ihn nicht immer gesichert. Auch diese Erkenntnis rührte mich zu Tränen und ich habe Cortado vermittelt, dass ich alles erkannt habe und mich bei ihm bedankt.

Cortado hat noch eine weitere Unart, die mich hervorragend enttarnt. Er zeigt seine Zähne und kläfft wie ein Gestörter, wenn er Angst hat. Dabei zittert er am ganzen Körper und ist regelrecht übererregt. Auch dies gibt ein klares Spiegelbild meiner eigenen Persönlichkeit. Ich werde selten laut, aber wenn ich doch einmal hysterisch beginne zu schroien, so verbirgt sich dahinter immer eine sehr große Angst.

Hunde dieser Art nennt man Angstbeißer. Ich finde, das trifft auf Menschen ebenfalls zu.

Mein Seelenhund Querido offenbart mir mit seinem „störrischen Esel" immer wieder, dass ich zu schnell bin. Bin ich gehetzt und gestresst, ist er es, der mich bremst, der stehen bleibt, trödelt und mir dann alles mögliche versucht zu zeigen. Lasse ich mich darauf ein, spüre ich sehr schnell, wie ich innerlich langsam wieder in meine Mitte komme. Im Gegensatz zu den beiden Kleinen ist er der sanftmütige, der sehr viel Geduld mit den Menschen beweist.

Mit dieser kleinen Geschichte möchte ich dieses Buch beenden. Ich möchte betonen, dass wir noch längst nicht alle Hürden überwunden haben, aber wir führen ein sehr harmonisches Rudelleben und haben eine tiefe Mensch-Hunde-Bindung erreicht.

Meine Hunde werden weiterhin weise Lehrer für mich sein (wie das ganze Leben mich fortwährend lehrt) und ich hoffe, dass ich ihnen als Dank eine gute Führerin bin, der sie vertrauen und auf die sich verlassen können.

Ich habe erkannt, dass ich SEIN darf ... dass ich mir Raum nehmen und in meiner eigenen Welt leben darf. Und so wird es in meinem weiteren Leben genau darum gehen ... um meine eigene, kleine Welt. Dem Einzigen, dem ich mich dabei zu Rechenschaft verpflichtet sehe, ist Gott, meinem Schöpfer. Und das tue ich gerne, denn bei allem, was er mir schenkt, gebührt ihm die größte Ehre.

Dir - lieber Leser - danke ich, dass du mich bis hierher begleitet hast.

Ich danke dir für deine Aufmerksamkeit und dein Interesse und wünsche dir von ganzem Herzen allzeit gute und lichtvolle Wege.

Gina K.

Von der gleichen Autorin erschienen (2015)

Auch in diesem Buch geht es Gina K. vor allem darum, den Leser auf eine unaufdringliche und leise Art für ein bewussteres Leben zu gewinnen.